AF567889

David Lindner

Zum Nachmittagstee bei Albert E.

oder wie du deine 1000 Träume lebst

David Lindner lebt mit Frau und Hund in der Südwestpfalz. *Nachmittagstee* ist sein siebzehntes Buch. David produzierte rund dreißig CDs, spielte über vierhundert Konzerte und Klangreisen. Er präsentierte seine Kunst in zahlreichen Ausstellungen, gründete vier kleine Unternehmen und entwickelte verschiedene Therapie- und Coachingmethoden, die er bisher rund 1500 Menschen lehrte. Er ist Speaker, Lebemann, bekennender »Auf-dem-Sofa-Rumliegen«-Aktivist und: professioneller Traumtänzer.

Die Webseite mit all seinen Aktivitäten:
www.traumzeit.online

Dieses Buch wurde für Tausendträumer geschrieben. Tausendträumer sind Menschen, die unglaublich viele Träume, Wünsche und Interessen haben. Die aber nicht wissen, ob und wie sie all die Dinge, für die sie sich schnell begeistern können, in ihrem Leben umsetzen können.

Wenn du es gewohnt bist, deine Träume und Wünsche zielstrebig und systematisch Wirklichkeit werden zu lassen, dann herzlichen Glückwunsch! Dann hat dieses Buch nicht zu dir gefunden, damit du es liest, sondern damit du es jemandem schenkst, der nicht mit deiner Klarheit und Konzentrationsfähigkeit gesegnet ist.

Zum Nachmittagstee bei Albert E. ist eine Geschichte für Menschen, die sich gerne verzetteln und unter der Fülle ihrer Interessen und Wünsche oftmals ganz wuschig im Kopf werden. Die gerne alles Mögliche anfangen, es aber nicht zu Ende bringen. Die sich für fast alles begeistern können, aber nicht wissen, was davon sie in ihrem Leben umsetzen sollen.

Du liest eine fantastische Erzählung. Die Aussagen und Meinungen der Charaktere in dieser Geschichte spiegeln nicht zwangsläufig die Meinung des Autors oder Verlages wider. Sie sollen weder deine Sicht der Welt noch dein Lebensmodell infrage stellen oder kritisieren. Handlung und Aussagen dienen nur der Entwicklung der Geschichte und der in ihr enthaltenen Tipps zum Umsetzen von Träumen.

Wenn du mir ein Feedback geben möchtest, ob dich die Geschichte inspiriert hat, deine eigenen Träume Wirklichkeit werden zu lassen, oder wenn du gute Tipps und Anregungen für mich und andere Tausendträumer hast:
david@traumzeit.online

Originalausgabe
Veröffentlicht im Traumzeit-Verlag, Battweiler.

Bibliografische Information der Deutschen Bibliothek
Die Deutsche Bibliothek verzeichnet diese Publikation in der Deutschen Nationalbiografie: Detaillierte bibliografische Daten sind im Internet über http://dnb.ddb.de abrufbar.

Lektorat und Korrektorat: Petra Zwerenz, Dr. med. Doris Lindner, Dieter Neuhäuser, Sascia Saul und Ansgar-Manuel Stein
Layout: David Lindner
Aquarell Seite 224: Milafnia nach einem Entwurf von David Lindner
Foto Seite 223: Christina Pörschmann

ISBN 978-3-933825-80-3 Hardcover

Dieses Buch ist auch als eBook und Hörbuch erhältlich.
ISBN 978-3-96396-014-7 eBook epub
ISBN 978-3-96396-015-4 Hörbuch, gelesen von David Lindner

Die Kapitel dieser Traumreise

Kapitel Eins

Das Versprechen

Das, wonach du dich sehnst, sehnt sich auch nach dir.

Rumi

Unsere Geschichte beginnt an einem der schönsten Strände Europas. Von hier führt sie dich in ein verträumtes, oberhalb einer Meeresbucht gelegenes Haus. Hier gibt es eine herrliche Aussicht, fantastischen Kuchen und eine Bedienungsanleitung, wie du deine Träume Wirklichkeit werden lässt.

Vor bald dreißig Jahren durfte ich an diesem magischen Ort von einem der klügsten Köpfe der Menschheitsgeschichte lernen. Er zeigte mir, wie man ein ganz und gar traumhaftes Leben führt.

Doch wie so viele durch und durch schöne Geschichten beginnt auch diese mit einem traurigen Ereignis. Das ist oft so im Leben: Um etwas Gutes zu erleben, müssen wir zuerst ein Abenteuer bestehen. Und nicht immer ist dieses Abenteuer angenehm. Seien wir ehrlich: Würden wir uns ohne schmerzhafte Erfahrungen überhaupt auf den Weg machen? Unsere Komfortzone verlassen? Würden wir uns ohne Chaos und Krisen nach Ordnung und Harmonie sehnen?

Also will ich dir kurz von den letzten Stunden eines alten Menschen erzählen. Und von dem Versprechen, das ich ihm einst gab.

1991. In einem Altenpflegeheim in Münster. Abteilung Altenschwerstpflege. An einem trüben Montagmorgen im September trat ich dort meinen Zivildienst an.

Der Manager des Hauses übergab mich der stationsleitenden Altenpflegerin. »Sie laufen diese Woche erst einmal nur mit und lernen, wie hier alles funktioniert«, erklärte er knapp und verließ die Station.

Kaum war der Manager aus dem Zimmer, verkündete mir meine tatkräftig aussehende Vorgesetzte: »Wir haben zurzeit personelle Engpässe. Aus dem Mitlaufen wird nichts. Du musst sofort voll ran. Ich zeige dir, wo alles ist, was du zu tun hast, und wenn du Fragen hast – wir helfen dir dann schon.«

Bereits vor dreißig Jahren herrschte Pflegenotstand. Auf der Station, auf der ich arbeitete, hatten wir rund dreißig pflegebedürftige Menschen zu betreuen. Viele von ihnen konnten absolut nichts mehr alleine. Sie mussten intensiv beim Essen, auf der Toilette, na ja, eigentlich bei allem betreut werden. Zudem kamen fast nur Menschen auf die Station, die echt krank waren. Binnen eines Monats starben von dreißig Bewohnern sieben. Ein frei werdendes Bett war schon am nächsten Tag wieder belegt. Kurz: Es war mehr oder weniger eine Sterbestation. Das durfte ich aber nicht laut sagen. Ein eigenartiges Tabu, aber da flippten alle aus. Insbesondere wenn Angehörige kamen. Dann sollte immer alles wirken wie ein Garten Eden für Rentner.

Ich diente seit ungefähr zwei Wochen, als es zu einer Begegnung kam, die mein Leben auf immer verändern sollte. Eine halbe Stunde, die meine Zukunft bestimmte.

Ich begleitete einen alten männlichen Insassen auf die Toilette. Er konnte noch selbst gehen, brauchte aber Hilfe beim Aus- und Anziehen und beim Po-Abputzen. Das klingt krass, ist dann aber doch nicht so krass, wie man denkt. An Po-Abputzen gewöhnte ich mich erstaunlich schnell. An das Sterben nie.

Jedenfalls half ich dem Alten gerade dabei, sich von der Toilettenschüssel zu erheben, um ihn sauber zu machen und seine Unterhose wieder hoch zu bekommen. Das war nicht ganz unkompliziert. Der Mann war ein ähnlicher Riese wie ich. Einem über einhundertneunzig Zentimeter großen Kerl vom Klo aufzuhelfen, ihm den Po abzuputzen und dann die Hosen hochzuziehen – wäre es nicht eine so eigenartig intime Situation gewesen, es hätte etwas grotesk Amüsantes gehabt.

Der Alte hing da also halb auf mir drauf, halb stützte ich ihn, als er plötzlich fragte: »Kommt da noch was?«

Ich lachte kurz auf und rief: »Ich hoffe nicht!«, denn ich dachte natürlich, er meint seinen Stuhlgang – und die Unterhose hatte ich immerhin schon hochgezogen. Doch dann spürte ich ihn zittern. Er wiederholte seine Frage: »Kommt da noch was?«

Mir wurde klar, dass es nicht um seine Verdauung ging. Ich ließ ihn rasch auf den Toilettensitz zurückgleiten, um zu schauen, was das Problem war.

»Das kann doch nicht alles gewesen sein?!«, stammelte der Alte. »Da muss doch noch etwas kommen!« Tränen standen in seinen Augen. Er schaute mich hilfesuchend an. Wiederholte: »Da muss doch noch etwas kommen?! Das kann doch nicht alles gewesen sein … ?!«

In diesem Moment begriff ich. Er meinte sein Leben.

Ich war zwanzig Jahre alt. Ich war einfach nur ehrlich. Sollte ich ihm etwa erzählen, dass sicher noch ein Medikament aus dem Hut gezaubert wird und die Party dann noch einmal so richtig losgeht? Das wäre eine Lüge gewesen. Ich konnte doch keinen sterbenden Menschen belügen. »Hey Mann«, sagte ich sanft, »Sie wissen doch, dass Sie bald sterben werden. Da kommt nichts mehr. Sie müssen Ihren Frieden machen.«

Ich weiß, so offene Worte klingen jetzt für viele heftig geradeaus. Wir Zivis waren kein bisschen für die seelische Betreuung Sterbender ausgebildet. Ich hatte in meinem Leben die Erfahrung gemacht, dass Ehrlichkeit zwar wehtut, aber weiter führt als Lügen. Dieser Mann war geistig fit und über seine Lage im Bilde. Er hatte Krebs im Endstadium und eine Prognose von wenigen Wochen.

»Sie müssen Abschied nehmen. Ihr Leben geht zu Ende«, sagte ich zu ihm.

Er schaute mich traurig an. Dann begann er so richtig zu weinen und wiederholte immerzu seine Frage. Sie war genau genommen eine Erkenntnis: »Das kann doch nicht alles gewesen sein!«

Was sollte ich tun? Ich nahm ihn in die Arme so gut es ging, da auf dem Klo. Ich hatte das Gefühl, wir fielen in einen dunklen, bodenlosen Abgrund der totalen Verzweiflung.

Doch! Das war es jetzt. Sein Leben war sehr bald vorbei. Ich spürte seinen Schmerz, seine Trauer und seine Verzweiflung. Ich hielt den riesigen alten Mann, der mit heruntergelassener Hose auf dem Klo saß, in den Armen und weinte mit ihm.

Plötzlich ging die mit einer Zeitschaltuhr gesteuerte Toilettenbeleuchtung aus. Ich konnte den Alten in diesem Augenblick nicht einfach loslassen. Also saßen wir zwei großen Kerle in der Dunkelheit der Altenheimtoilette und heulten.

Irgendwann fand er zu sich und begann im Dunkeln zu erzählen. Dass er sein ganzes Leben lang immer nur getan habe, was von ihm erwartet wurde. Oder was er dachte, was von ihm erwartet wurde. Immer habe er seine Wünsche und Träume auf die lange Bank geschoben. Immer darauf geachtet, was die anderen wohl von ihm denken könnten. Dann sagte der Alte einen Satz, der mich zutiefst erschütterte: »Ich habe mein Leben verschwendet.« Im nächsten Augenblick heulte er auf wie ein waidwundes Tier.

Der Mann war über neunzig Jahre alt. Natürlich hatte ich Mitleid und fühlte seinen Schmerz. Aber gleichzeitig spürte ich so eine Wut in mir. Ich hatte in meinem Leben schon drei Menschen verloren. Freunde und Verwandte. Achtzehn, zweiundvierzig und sechsundfünfzig Jahre alt. Der Alte in meinen Armen hatte so viele Jahre mehr geschenkt bekommen als sie und sagte jetzt: »Ich habe sie verschwendet!«

Ich dachte insgeheim: ›Wie kann er nur? Wie kann er so ein Geschenk nur verschwendet haben?‹ Ich meine, ich hatte zu der Zeit mit Religion nichts im Sinn. Trotzdem kam mir so ein inneres Bild: Das ist Blasphemie. Gott, das Universum oder der abgefahrendste Zufall aller Zeiten macht uns das größte denkbare Geschenk: unser Leben. So etwas darf man doch nicht verschwenden!

Irgendwann ging das Licht an und eine der Pflegerinnen schaute in das Bad. »Was treibt ihr denn hier?«, fragte sie erstaunt, als sie uns in Umarmung auf und vor der Toilette erblickte. Ich wedelte beschwichtigend mit der Hand: »Alles gut! Alles gut!« Sie sollte die Intimität dieses Augenblicks nicht stören. Und wie diese wundervollen, starken und empathischen Menschen in der Pflege so sind, verstand sie sofort und ließ uns mit den Worten »Ruf, wenn du Hilfe brauchst« alleine.

Eine knappe halbe Stunde später hatte ich den Alten ins Bett gebracht. Als ich sein Zimmer verlassen wollte, griff er nach meiner Hand und zog mich zu sich heran. »Du musst mir eins versprechen«, sagte er mit eindringlich flüsternder

Stimme. »Versprich mir, dass du dein Leben nicht so verschwendest, wie ich es getan habe. Folge deinem Herzen. Denk nicht so oft darüber nach, was die anderen von deinen Träumen halten. Sei mutig. Versprichst du mir das?«

Ich umschloss seine Hand mit meinen Händen und schaute ihn ernst an. Dann machte ich etwas, was ich wenige Wochen später bereuen sollte. Was aber letztlich zu dem Leben führte, das ich bis heute gelebt habe. Ich sagte zu ihm: »Ich verspreche es Ihnen. Sie können beruhigt sterben. Ich werde sogar zwei Leben leben. Eines für mich und eines für Sie.«

Und dann weinten wir wieder beide. Doch dieses Mal waren es keine Tränen der Verzweiflung, Verwirrung und Trauer. Es waren Tränen der Hoffnung, des Mutes und der Liebe.

Ich habe nie wieder mit dem Alten über das Thema sprechen können. Am Morgen darauf hatte er seine Klarheit verloren. Er erkannte niemanden mehr. Zwei Wochen später war der alte Mann tot.

Und mir dämmerte, dass ich einen spirituellen Vertrag abgeschlossen hatte. Ohne die geringste Ahnung, wie ich ihn einlösen sollte.

KAPITEL ZWEI

Welches Leben willst du leben?

Man wird nicht erleuchtet, indem man sich Lichtfiguren vorstellt, sondern indem man sich der Dunkelheit bewusst wird.

Carl Gustav Jung

In den nächsten drei Wochen fragten mich zwei weitere echt alte, sterbende Menschen danach, ob das Leben noch etwas für sie bereithalte. Geschockt darüber, dass es hier und bald enden würde, suchten sie Rat. Bei mir! Andere achtzig- und neunzigjährige Bewohner beschwerten sich über den unglücklichen Verlauf ihres Lebens und bettelten um eine Erlösung. Als wäre ich eine Art Jesus. Ich fragte mich, ob das normal war, wenn ein Leben so endete – unglücklich, verwirrt, wütend, nörgelnd?

Jeden Tag mehr hatte ich auf dieser Sterbestation das Gefühl, viele dieser Alten hätten es verpasst, Gott früh genug um Rat zu bitten. Sie hatten erst begonnen, über den Sinn ihres Lebens nachzudenken, als der Sensemann ihnen die Notiz ‚Abholung demnächst, bitte bereithalten‹ an die Nachttischlampe geklebt hatte. Also zu spät. Viel zu spät. Was hatten die denn ihr Leben lang gedacht? Dass sie einhundertzwanzig Jahre alt werden würden, und die Post mit neunzig erst so richtig abgeht?

Die Verzweiflung und Verbitterung der Sterbenden überforderte mich damals total. Nicht erst seit meinem Versprechen an den alten Mann war ich verwirrt. Die Begegnungen in der Sterbeabteilung waren nur die Tropfen, die das Fass meiner Verwirrung zum Überlaufen brachten.

Damals wusste ich noch nicht, was ich bin. Ich gehörte damals – wie Millionen anderer Menschen – zur Spezies der Tausendträumer.

Tausendträumer sind Menschen, die unglaublich viele Interessen im Leben haben. Menschen, denen es schwerfällt, sich auf einen Beruf, ein Hobby oder Interesse festzulegen. Männer und Frauen, die ein Herz voller Träume, Wünsche, Ideen und Projekte haben. Manche Tausendträumer interessieren sich für absolut alles. Das Problem ist: In einer Welt, die das Expertentum fördert und fordert, fühlen sich Tausendträumer oftmals, als wären sie irgendwie sonderlich.

Typisch für Tausendträumer ist, dass sie sich schnell für ein neues Wissensgebiet, ein Thema, ein kreatives Projekt begeistern können. Doch nach einer gewissen Zeit erlahmt ihr Interesse und sie sind gelangweilt.

Dabei gibt es verschiedene Typen von Tausendträumern. Manche werden in einem Fachgebiet richtig gut. Sie beginnen erfolgreich eine Karriere und nach fünf oder zehn Jahren haben sie plötzlich Lust auf etwas völlig anderes. Dann hören sie einfach mit dem Alten auf. Zum Entsetzen ihrer Familie, ihrer Freunde und Kolleginnen. Die halten die Tausendträumer für plemplem.

Anderen Tausendträumern genügt es völlig, in ein Wissensgebiet kurz hineinzuschnuppern. Sobald ihre Neugier befriedigt ist, machen sie sich auf die Suche nach einer neuen Inspiration.

Für Menschen, die ihr Leben lang im Wesentlichen einem Beruf nachgehen und die über ein oder zwei Hobbys hinaus keine weiteren Interessen haben, wirken Tausendträumer nicht selten wie totale Wirrköpfe. Träumer ist für sie eine Bezeichnung für Menschen, denen es an Bodenhaftung, an Realitätssinn fehlt. Und leider, leider übernehmen viele noch nicht erwachte Tausendträumer diese dumme Idee. Denn sie ist das dominierende Glaubenssystem unserer Gesellschaft und unseres Bildungswesens: Expertentum als Maß der Dinge. Wenn Tausendträumer in diese Glaubensfalle tappen, beginnt für viele eine lebenslange Odyssee selbstzermürbender Zweifel. Ihr Glaube, irgendetwas stimme mit ihnen und ihren Sehnsüchten nicht, kann ihr Leben nachhaltig und oft destruktiv prägen.

Dabei sind Tausendträumer oft Menschen mit außergewöhnlichen Potenzialen, Begabungen und Stärken. Doch um diese zu entfalten, müssen sie erwachen. Sie müssen erkennen, dass sie nicht falsch ticken. Sie müssen lernen, ihre wahre Natur zu leben. Wenn sie das tun – Erwachen und in ihr Potenzial kommen – dann werden sie zu Traumtänzern.

Von diesem Erwachen und davon, wie du ein Traumtänzer wirst, handelt diese Geschichte. Damals hatte ich allerdings noch keine Ahnung, was Tausendträumer und Traumtänzer sind. Ich hegte nur den Verdacht, womöglich nicht alle Tassen im Schrank zu haben. Heute weiß ich es besser. Vielen Menschen geht es so oder so ähnlich wie mir. Deshalb erzähle ich diese Geschichte. Damit du dir bewusst wirst, dass es noch andere so Verrückte wie dich gibt. Tatsächlich sind wir Legion.

Wie sollte ich herausfinden, was ich wirklich will? Bei all den Träumen, die ich hatte? Woher sollte ich wissen, welchen davon ich umsetzen sollte? Alle konnte ich ja nicht realisieren. So dachte ich damals jedenfalls. Was wusste ich schon vom Leben? Wie konnte ich mich entscheiden, was ich machen sollte? Wenn ich einen Weg wählte, konnte es der falsche Weg sein. Und zack! war mein Leben vorbei und ich saß im Sterbeheim. Das war, als müsste ich sagen, wie ich es am liebsten beim Sex habe. Ohne je Sex gehabt zu haben.

Ich beneidete meine Schulkollegen: Christian wollte Bahnbeamter werden. Thomas zur Bank gehen. Susanne Medizin studieren. Simone Sozialarbeiterin werden. Ralf wollte in das Unternehmen seines Vaters einsteigen und Iris eine Ausbildung zur Goldschmiedin machen. Die wussten, was sie wollten. Die steuerten geradewegs auf genau dieses Ziel zu. Ich fand hundert Studienfächer spannend. Ich fand zweihundert Ausbildungen interessant. Doch zu nichts fühlte ich mich richtig stark hingezogen. Nach dem Motto: Das will ich lernen und mein Leben lang machen!

Wenn ich meine Wahl traf, dann sagte ich doch ›Nein!‹ zu allem anderen. Schon vor meiner Begegnung auf der Toilette kam es mir vor, als hätte Gott mich an ein Buffet mit tausend Speisen gesetzt und gesagt: »Du darfst die Erdbeermarmelade essen. Sonntags auch mal ein gekochtes Ei. Die anderen 998 Speisen – Finger weg!«

Zudem war es so: Was ich auch anfing, ich schaffte es selten, irgendetwas zu Ende zu führen. Wenn ich eine neue Idee, ein neues Projekt hatte, war ich gleich Feuer und Flamme. Doch genauso schnell, wie ich dachte ›Das ist es! Das will ich mein Leben lang machen!‹, kam die nächste schönste Sache der Welt um die Ecke. Die wollte ich auch machen.

Schnell hatte ich in meiner Familie und bei Freunden den Ruf weg, ein ›Hansdampf-in-allen-Gassen‹ zu sein. »Du willst auf vielen Hochzeiten tanzen«, sagten sie. Das müsse ja scheitern. Alles anfangen, aber dann nichts zu Ende bringen. Völlig begeistert für alles Neue sein. Doch nach einiger Zeit – da war ich eben begeistert für das nächste Neue.

Gleichzeitig brannten in mir Fragen wie: Wieso denken und fühlen wir Menschen, wie wir denken und fühlen? Wie können wir glücklichere Beziehungen miteinander führen, als es viele tun? Mit einem Partner, mit Kollegen, mit anderen Ländern? Wieso hören wir nicht endlich auf, uns gegenseitig das Leben so schwer zu machen?

Ich fand es nicht haltbar, dass Kinder an Hunger sterben. Oder wegen Krankheiten, die eigentlich heilbar sind. Wir roden Regenwälder, um Futter für Rindviecher dort anzubauen. Wir tilgen alle paar Minuten eine Spezies unwiderruflich vom Angesicht der Erde. Werfen Giftmüllfässer ins Meer. Was sollte der Scheiß? Da fühlte sich die Frage, welchen verfluchten Beruf ich lernen wollte, so maximal unwichtig an. Uns drohte die Auslöschung durch einen Atomkrieg oder den Ökokollaps. Das waren wichtige Probleme.

Ich suchte nach der Antwort auf die Frage, was ein gutes Leben ist. Ein Leben, bei dem ich in jedem Augenblick dem Tod begegnen konnte. Ohne Angst zu haben, die letzten Wochen, Monate oder Jahre etwas getan zu haben, was mich nicht zu hundert Prozent erfüllte.

Außerdem fragte ich mich, wie man es hinbekommt, sowohl ein glückliches Leben zu leben als auch gleichzeitig einen Beitrag zu leisten, um die Erde zu schützen und die Menschheit weiterzubringen. Mir lag wirklich an der Natur und den Tieren. An diesem riesigen, zarten, blauen Wesen im All: Gaia, unsere Mutter Erde.

Und an der Menschheit. Was haben wir in der Kunst, der Literatur und den Wissenschaften an Schönheit hervorgebracht! Wir haben so ein ungeheures Potenzial, die Welt in einen Hort des Lichtes zu verwandeln. Die damals dominierende Erzählung von einer im tiefen Kern bösen Menschheit wollte ich einfach nicht glauben.

Auch beobachtete ich die Welt der Erwachsenen. Mir war klar: Wer einmal im Hamsterrad drin war, der hatte wirklich große Probleme, wieder auszusteigen. Je länger drin, desto schwieriger. Und je länger drin, desto weniger Sinn für die Menschheit. Die Welt schrumpfte für viele mit jedem Jahr im Hamsterrad, bis sie schließlich nur noch das Rad sahen und es für die Welt hielten.

Zwischen all diesen Gedanken, die ich mir als junger Mann machte, kam eben die Zeit im Altenheim mit ihren traurigen Begegnungen. Und mein Versprechen. Ich hatte einen spirituellen Pakt geschlossen. Ich war nun verpflichtet, ein ganz und gar außergewöhnliches Leben zu führen. Zwei, genau genommen.

Also begann ich gleich mehrere Studiengänge an der Universität. Die machten auch Spaß. Ungefähr zwei krass fleißige Semester lang. Dann kamen wieder Zweifel. Wohin führte das Studium? Doch auch nur in irgendeine Art von Hamsterrad. Spiegeln diese Fächer meine Berufung? Kann ich mit dem Erlernten dazu beitragen, die Welt zu verbessern?

Außerdem: Je mehr ich lernte, desto mehr Möglichkeiten des Lebens offenbarten sich mir. Und schon waren sie wieder da, diese Fragen: ›Treffe ich hier die richtige Wahl? Und was mache ich mit den tausend anderen Träumen, die ich habe? Welches Leben will ich leben?‹

In diesen verwirrten Tagen schlurfte ich mit einer Flasche Rotwein in der Hand am Zeitschriftenregal eines Supermarktes vorbei. Mein Blick glitt über die Titelflut. Und blieb an einem Coverfoto hängen. Ich sah das Bild einer Burg oberhalb eines weiten Strandes.

Wie von einem Magneten angezogen steuerte ich das Regal an. Ich nahm die Zeitschrift in die Hände und blätterte darin. Die Burg befand sich in Nordengland und hieß Bamburgh Castle. Ich kaufte das Magazin.

In den nächsten drei Tagen schaute ich mir immer wieder das Bild auf dem Cover an. Mehrfach las ich den dazugehörigen Reisebericht über Nordengland. Traumhafte Orte, Wasserfälle, Seen, das Meer mit langen Stränden, Burgen und schönen Gärten.

Immer wieder starrte ich auf das Coverbild. Ich hatte das Gefühl, irgendetwas ziehe mich in dieses Bild hinein. Dort wollte ich irgendwann einmal hin!

Irgendwann einmal. Die Standardformel unzähliger Menschen, bis sie den Zettel mit dem Abholbescheid von Gevatter Tod an ihrer Nachttischlampe entdecken.

Vielleicht kennst du das: Wenn es nicht gut läuft, läuft es oft in Serie nicht gut. Zwei Wochen später endete die Beziehung mit meiner Freundin, mit der ich fünf Jahre zusammen gewesen war. Das hatte gerade noch gefehlt. Obwohl wir uns liebten, spürten wir beide: Unsere Lebenswege drängten in verschiedene Richtungen. Und so trennten wir uns in Frieden. Ein ordentlicher Streit wäre mir fast lieber gewesen. Dann hätte ich mich ärgern können. So tat es einfach nur weh.

Heute weiß ich: Mit den guten Ereignissen verhält es sich genauso wie mit den üblen. Sie treten in Serie auf. Doch damals dachte ich, das Leben sei einfach zu anstrengend. So gemein. So unfair. So verflucht kompliziert. Ich lag weinend auf dem Bett. Okay, nein, ich heulte Rotz und Wasser. Ich war verzweifelt.

KAPITEL DREI
Visionssuche

Etwas zu wagen bedeutet,
vorübergehend den Halt zu verlieren.
Nichts zu wagen bedeutet, sich selbst zu verlieren.

Søren Kierkegaard

Irgendwann fiel mein verheulter Blick auf besagtes Zeitschriftencover mit dem Bamburgh Castle. Da traf es mich wie ein Blitz. Ich hatte das Gefühl, dieser Strand rief mich. So als würden Burg und Strand durch das Bild zu mir sprechen: Komm hierher und du wirst die Antworten auf deine Fragen finden.

Eine Seite in mir murrte sofort: Das ist absurd! Was soll dich da erwarten? Eine tolle Burg, ein schöner Strand. Sonst nichts! Eine andere Stimme in mir wusste: Du bringst es hier eh zu nichts. Das kannst du auch an einem schönen Strand: zusehen, wie dein Leben scheitert.

Fast vier Jahre nach meinem Versprechen an den sterbenden Alten entschied ich mich. Ich würde aussteigen, bevor ich so richtig in eines der vielen Hamsterräder geriet. Ich wollte erst weitermachen, wenn ich herausgefunden hatte, wie ich glücklich lebe und glücklich sterbe. Ohne diese Antwort machte alles andere keinen Sinn.

Entweder ich fände heraus, wie ich meine Träume leben kann oder … keine Ahnung was »oder«. Ich wusste nur, das Spiel mitzuspielen, wie alle anderen es taten, kam für mich nicht infrage. Ich wollte nicht in den Sog des Rades geraten und wertvolle Lebenszeit verschwenden – darauf hoffend, das Leben würde schon alles passend anliefern. Da würde ich irgendwann sterbend auf einer Toilette sitzen und einen Jüngling fragen: »Wie konnte das alles nur so schieflaufen?«

Nur zehn Tage später lenkte ich mein altes Auto auf einen Parkplatz oberhalb der kleinen Ortschaft Bamburgh in Nordengland. Ich hatte mitten im Semester mein Studium abgebrochen, mein letztes Geld zusammengekratzt und mich auf den Weg gemacht. Mein rostiger Kombi war schnell mit Isomatte, Schlafsack, ein paar Klamotten und Wasserflaschen befüllt. Dann war ich zur Fähre nach Calais gefahren, hatte den Ärmelkanal überquert, um schließlich durch ganz England in Richtung schottischer Grenze zu fahren.

Mein Blick wanderte über sich im Wind wiegendes Schilfgras, einige Felsen, einen goldenen Strand mit weitem Meer dahinter. Zu meiner Rechten die womöglich schönste Burg in Nordengland: Bamburgh Castle.

Ein märchenhaftes Szenario. Die Festung war schlicht prächtig. Der Strand in jede Richtung vier Kilometer lang. Es duftete nach Meer, nach Sand, nach Wind und Hoffnung. Irgendwie.

Das hier war meine Vision Quest.

Meine Visionssuche. Ich wollte einfach hier am Strand unterhalb der Burg ausharren und fasten. Irgendwann, so war mein Plan, würde ich sicher eine Vision bekommen. Eine göttliche Eingebung, was ich mit meinem Leben anfangen sollte. Einen kreativen Superflash, nach dem ich wusste, was ich tun sollte.

Ich trank nur Wasser. Badete in der Morgendämmerung in der kalten Nordsee. Bei Regen schlief ich hinten im Kombi. War die Nacht klar, schlief ich in den Dünen. Ich wanderte den langen Sandstrand auf und ab. Manchmal nachts. Ich starrte auf das Wasser. Schaute zu, wie sich der Strand am Morgen mit Menschen füllte und nach dem Sonnenuntergang wieder leerte.

Doch eine Vision kam nicht. Was allerdings kam, war der Hunger. Was kam, war Sehnsucht nach Wärme. Mitte Mai an der Nordsee in Nordengland, kurz vor der schottischen Grenze. Gemütlich war anders.

Alles, was ich fand, waren Wind, Regen, Sand, Kälte, Einsamkeit und Hunger. Keine Visionen. Überhaupt nichts, was auch nur annähernd daran erinnerte. Ich hatte eher das Gefühl, dass ich immer wirrer im Kopf wurde statt klarer. Dabei hieß es doch, Visionssuchen führen in die Klarheit. Fasten führe in die Klarheit. Bei mir stellte sich nur ein Brei aus kreisenden Gedanken ein.

Wo blieb diese verflixte Erleuchtung?

Einer der ersten Spaziergänger, der jeden Morgen an den Strand kam, war ein alter, unrasierter Kauz mit wuscheligen Haaren. Er trug stets Gummistiefel und eine Wachsjacke. Der Alte parkte seinen Landrover neben meinem Kombi und ging mit seinem Hund am Strand spazieren. Ich widmete ihm keine besondere Aufmerksamkeit. Mir fiel nur auf: Der kam jeden Morgen vor Sonnenaufgang. Irgendwann bemerkte ich für einen Augenblick amüsiert, dass er dem berühmten Physiker Albert Einstein ähnlich sah. So von ferne jedenfalls.

Der Typ grüßte mich jeden Morgen freundlich, wenn er zum Strand hinunter ging, und verabschiedete sich mit »Have a nice day!«, wenn er eine Stunde später zurückkehrte. Sehr angenehm – diese Engländer. Keiner störte mich bei meiner Visionssuche.

Doch die einzigen Visionen, die ich hatte, waren Albträume vom Meer, wie es mich verschlang. Oder von Besuchen im Supermarkt, bei denen ich mir den Bauch vollstopfte, aber nicht satt wurde. Sonst nichts.

Nix bekam ich gebacken.

Ich war sogar zu blöd, um eine Vision zu bekommen.

Meine Laune wurde immer übler. Ich war unfähig herauszufinden, was ich wirklich wollte im Leben. Mich für einen meiner tausend Träume zu entscheiden und meinen Weg zu gehen.

Nach zwölf Tagen Fasten, Kälte und Auf-das-Meer-Starren hätte mir auch eine ordentliche kreative Eingebung genügt. Musste ja nicht gleich ein Engel sein, der herabschwebte und mir meine Berufung offenbarte. Doch nichts passierte.

Nothing. Niente. Nada. Nüscht. Gar nix.

Bis zur Morgendämmerung des dreizehnten Tages.

Kapitel Vier

Morgendämmerung

Wer nicht weiß, wohin er will, der muss sich nicht wundern, wenn er ganz woanders ankommt.

Mark Twain

Ich wachte in meinem Schlafsack auf, weil ich im Gesicht nass wurde. Ich hatte mich am Abend zuvor zum Schlafen unten an den Strand gelegt. Um dem Meer näher zu sein. Daher dachte ich im ersten Moment panisch, das Wasser sei bis zu mir gestiegen und drohe mich zu verschlingen. Doch die Feuchtigkeit war warm und roch nach … irgendwie übel. Das konnte nicht die Nordsee sein.

Dann realisierte ich, dass mein Gesicht gerade von einem Hund abgeleckt wurde. Ich versuchte meinen Kopf wegzudrehen, doch das Fellknäuel ließ nicht locker. Er begrüßte mich wild wedelnd, als wäre ich sein bester Kumpel. Das war feucht eklig. Andererseits kitzelte es lustig und seine Freundlichkeit tat gut. Irgendwie konnte ich dem Vieh nicht böse sein und hatte sofort bessere Laune.

Schnell befreite ich meine Arme aus dem Schlafsack, um den ungestümen Wuff wegzuschieben. Da erkannte ich ihn: Das war die Promenadenmischung von dem alten Kauz, der hier jeden Morgen spazieren ging. Wo war denn sein Herrchen?

Als ich mich umdrehte, um den Strand in die andere Richtung zu überblicken, sah ich zwei Gummistiefel direkt vor mir aufragen. Ich blickte nach oben. Da stand der Typ. Er hielt zwei metallene Isolierbecher in der Hand und blickte zu mir herab, während sein Hund den Kopf in meine Seite drückte, weil er gestreichelt werden wollte.

»Ich dachte mir, ich trinke mal einen Tee mit dem jungen Mann auf der Suche«, sagte der Alte und stellte die Becher neben mir ab. Bevor ich etwas sagen konnte, hatte er eine kleine Sitzmatte aus seinem Rucksack gekramt und sich neben mir in den Sand gesetzt. Dann holte er eine Thermoskanne hervor.

Auf der Suche? Woher wusste der Typ, was ich hier vorhatte? Verdutzt blickte ich ihn an. Doch was mich jetzt noch mehr überraschte als seine Begrüßung: Der Kauz sah tatsächlich genau wie Albert Einstein aus. Albert Einstein mit Vollbart. Wie der berühmte Physiker, der mit $E = mc^2$. Eines der größten Genies der Menschheitsgeschichte.

Ich war völlig baff, während ich ihn anstarrte und mit meinen Händen den Hund durchknuddelte. Der hatte sich inzwischen neben mir in den Sand geworfen und alle viere in die Luft gestreckt. Alles, was mir über die Lippen kam, war ein zugegeben bescheidenes »Ääh?«. Na ja, ich hatte seit zwölf Tagen gefastet, was erwartet man da?!

»English Breakfast Tea«, sagte der Typ und goss beide Becher aus seiner Thermoskanne voll. Es roch köstlich. Doch ich hatte mir vorgenommen, zu fasten und zu meditieren, bis mir eine Vision kam. Das war mein Plan und ich hatte ihn zwölf Tage lang durchgezogen.

»Schon manche großartigen Erkenntnisse werden auf den Genuss dieses Tees zurückgeführt«, lächelte mich dieses – ich konnte nicht mit dem Starren aufhören – dieses Albert-Einstein-Double an. »Ich dachte, das tut dir mal ganz gut, etwas Warmes. Ist ja jetzt nicht so gemütlich hier zu dieser Jahreszeit. Zwölf Tage ist beachtlich.«

Ich fühlte mich überrumpelt. Auf eine liebevoll-freundliche Art. Ich dachte nur: Der Hund tut gut. Der Tee riecht gut. Der Typ sieht aus wie Einstein und scheint echt nett zu sein. Zum Teufel mit dem Plan. Eine warme Tasse Tee nach zwölf Tagen Nordseestrandfasten erschien mir wie ein Gruß des Himmels. »Danke«, sagte ich und umschloss den warmen Becher mit beiden Händen.

Oh Gott, war das ein schönes Gefühl. Der erste Schluck fühlte sich an, als würde ich goldenen Nektar trinken. In meinem Kopf gingen gleich drei Dutzend Lichter an. »Das ist sehr freundlich, Herr …«, sagte ich über den Rand des Bechers hinweg und blickte den Alten fragend an.

»Oh, ich habe mich nicht vorgestellt. Gestatten: Albertí. Ich wohne ein Stück weiter oben an der Küste und komme jeden Morgen zum Spazieren mit Prinz Charles hierher.«

Ich verschluckte mich und spuckte Tee. Der Hund hieß »Prinz Charles« und der Typ Albertí, was englisch ausgesprochen ungefähr wie Ohlbörtí klingt. ›Sicher ein Italiener‹, dachte ich bei dem Namen. Viele Italiener sind einst als Gastarbeiter nach England gekommen – und geblieben.

Ich streckte ihm meine Hand entgegen: »Nett, Sie kennen zu lernen, Mister Albertí.« Er erwiderte meinen Händedruck. Der Typ sah wirklich freundlich aus. Klar, er musste Italiener sein. Aber der Tee war englisch.

Mister Albertí nippte an seiner Tasse und schaute hinaus auf das Meer. Mann, das war echt krass verrückt, diese Ähnlichkeit. Ich schüttelte belustigt meinen Kopf. Da saß ich mit einem Einstein-Double am Strand unterhalb des Bamburgh Castle und trank köstlichen Englisch-Breakfast-Tea. Die Morgensonne kündigte am Horizont in Rosarot von ihrem Kommen. Möwen keckerten schlaftrunken. Wenige Meter vor uns flitzte eine kleine Krabbe über den Strand und buddelte sich dann im Sand ein.

›Und was ist mit deiner Visionssuche?‹, nörgelte der ewige Kritiker in mir. Doch eine andere Stimme freute sich über die Gesellschaft, den Tee und den Sonnenaufgang. Endlich mal etwas anderes. Erstaunt stellte ich fest, dass ich nicht nur Hunger nach Essen hatte. In mir war auch eine Sehnsucht nach menschlicher Gesellschaft.

Tja.
Wenn der Schüler bereit ist,
wird der Meister erscheinen.

Kapitel Fünf

Die Einladung

›Normal‹ ist eine Einstellung an der Waschmaschine.

Harley Quinn in: ›Suicide Squad‹

»Und? Wie läuft deine Visionssuche so?«, fragte Herr Albertí, ohne den Blick vom Meer abzuwenden. Da war es schon wieder. Ich hatte mich nicht verhört. Woher wusste der alte Kauz, was ich hier machte?

»Meine Frage muss dir nicht unangenehm sein. Ich mache das regelmäßig.«

»Was machen Sie regelmäßig?«

»Auf Visionssuche gehen. Ich nenne es aber lieber Traumsammeln. Und ich faste nicht dabei. Fasten hat bei mir keine Wirkung. Ich gehe stattdessen in schöne Hotels mit guter Küche. Bei gutem Essen und Trinken kommen mir die besten Ideen.«

›Was für ein Spinner!‹, ging mir so durch den Kopf, während ich »Ach was?!« sagte. Bei Visionssuchen muss man doch den Geist befreien von den Ablenkungen der Verdauung und den Reizen des Angenehmen. Das waren die Regeln.

»Wenn ich faste, denke ich ab dem dritten Tag an nichts anderes als an Essen. Habe es mehrfach probiert.«

Na ja, da hatte er recht. Das war bei mir genauso.

Herr Albertí kicherte. »Wir lieben natürlich die Vorstellung, dass Selbstkasteiung und Askese zu höherer Erkenntnis führen.«

Der Alte war lustig! Auch ich musste vergnügt glucksen. Ach, was tat das gut! Der Typ war ganz schön frech. Andererseits hatte er irgendwie recht: Disziplin und Regeln, wir Deutschsprachigen lieben sie über alles und wollen nur ungerne Verständnis für Menschen aufbringen, die unsere Leidenschaft nicht teilen.

»Pustekuchen!«, rief Albertí vergnügt: »Bei mir wirken Fünf-Gänge-Menüs, schottischer Single Malt, englisches Alé, Kaminfeuer und laaaange Spaziergänge.« Wieder lachte er. Ganz offensichtlich schien er sich über seine eigenen Worte zu amüsieren. Charles stimmte ihm mit Schwanzwedeln und einem knappen Wau! zu.

Dann hielt der Alte inne und schaute mich an. »Selbstverständlich respektiere ich deinen Mut und dein Durchhaltevermögen. Zwölf Tage! Und im Meer baden. Du scheinst einen starken Willen zu haben.« Er blickte mir offen ins Gesicht. Jetzt fühlte ich mich respektiert. Ehe ich etwas sagen konnte, hob er seine Thermoskanne: »Noch einen Becher Breakfast Tea?«

»Der Visionssucher sagt vielen Dank.« Ich hielt ich ihm ohne Zögern den Becher hin. Der Tee tat gut. »Sind Sie denn erfolgreich bei Ihren Visionssuchen in den Hotels?« Das interessierte mich.

»Oh, ja, ich bringe immer so ein, zwei Dutzend mit nach Hause. Dann schaue ich, welche davon ich umsetzen will und kann.«

Ich dachte: ›Jetzt nimmt er mich auf den Arm. Das ist nicht nett.‹

»Ein, zwei Dutzend Visionen? Sie wollen mich auf den Arm nehmen!«

Er blickte mich ernst an: »So etwas würde mir nie in den Sinn kommen. Ich nenne sie allerdings nicht Visionen. Ich nenne sie Träume.«

»Ach so – ja. Träume habe ich leider auch Tausende. Deswegen bin ich ja hier. Ich kann mich nicht entscheiden. Ich finde einfach keine Linie für mein Leben. Ich meine, was ich wirklich machen soll. Ich habe so viele Ideen, so viele Träume und Wünsche.«

Ich hielt inne. Warum erzählte ich einem wildfremden Kerl so etwas? »Entschuldigung, das ist wirklich nicht ...«

»Aber doch, ist es!«, unterbrach mich Albertí. »Du interessiert dich für unglaublich viele Dinge, richtig!? Womöglich für so ziemlich alles, richtig!? Findest absolut alles im Leben interessant und spannend ...« Hier ließ er den Satz offen und sah mich mit hochgezogenen Augenbrauen an.

»... richtig!«, ergänzte ich. »Woher wissen Sie das?«

Ohne zu antworten, fuhr er fort: »Du fängst gerne und mit voller Begeisterung etwas Neues an. Nach einer Weile aber interessierst du dich für etwas anderes ...«

Jetzt unterbrach ich ihn staunend: »... weil ich im Geiste schon beim nächsten Thema bin ... richtig!« Ich schüttelte ungläubig den Kopf. »Wer sind Sie?«, fragte ich den Herrn Albertí. »Woher wissen Sie, was in meinem Leben vor sich geht?«

»Du wünschst dir nichts sehnlicher, als eine Eingebung zu haben. Um die eine Sache herauszufinden, die du machen sollst. Das ist deine Visionssuche.«

Ich war nur noch von den Socken. War der Typ Psychologe, ein Medium oder so was? Ich starrte ihn mit offenem Mund an und schüttelte noch einmal den Kopf.

»Dann mal eine Frage, junger Visionssucher: Stell dir einmal vor, du findest diese eine Sache. Du würdest eine Sache finden und dein Leben lang, die nächsten fünfzig Jahre, nichts anderes machen. Wie fühlt sich diese Vorstellung an?«

Bamm!!!

Ich saß da wie erstarrt und glotzte den wuschelhaarigen Kauz an. Die Vorstellung fühlte sich einfach nur schrecklich an. Mein Leben lang nur eine Sache machen? Mir wurde fast ein bisschen übel von dieser Idee. »Das wäre wie nicht leben zu dürfen«, sagte ich sehr langsam. Es wurde mir erst in den Sekunden klar, als ich es aussprach. Was für eine widersinnige Vorstellung: Mein ganzes Leben nur einen Beruf? Ein Interesse? Der absolute Horror. Gefängnis! Das war in diesem Augenblick eine Art Erkenntnis-Flash für mich.

Nur wenige Sekunden später begann das Teufelchen in meinen Kopf zu flüstern: ›Du musst einen Beruf lernen und ausüben. Von irgendetwas musst du ja leben.‹

»Von irgendetwas muss man leben, das stimmt«, nickte Albertí. Dann blitzen seine Augen. »Und wer behauptet, es müsse für die nächsten fünfzig Jahre ein und dasselbe sein?« Ohne eine Antwort abzuwarten, hielt er mir seine Thermoskanne hin. Gerne nahm ich einen weiteren Becher seines köstlichen Tees. Was war das für ein Mann? Warum nur hatte ich so ein unglaubliches Gefühl der Vertrautheit und Zuneigung zu diesem Fremden?

Jedenfalls erzählte ich Albertí von meinem Versprechen, damals im Altenheim. Von meiner großen Angst, eine falsche Wahl zu treffen. Von meiner Sorge, mein Leben zu vergeuden. Es sprudelte nur so aus mir heraus, dass ich fast dachte, der Typ hätte mir Laberkräuter in den Tee getan. Albertí hörte mir zu, nickte gelegentlich, trank Tee und machte ab und zu »Ahja«, »Hmhm« oder sagte »Verstehe«.

Nachdem ich bestimmt fünfzehn Minuten vor mich hin gesprudelt hatte, folgte eine eigenartige Stille. Die Sonne erhob sich über den Horizont und hüllte alles in goldrotes Licht und wärmte uns sofort. Es roch nach Meer.

Albertí nickte, ohne etwas zu sagen, weiterhin die ganze Zeit mit dem Kopf und schaute mit mir in die aufgehende Sonne. Komischer Kauz, mag man denken. Aber hey: Ich war auch komisch. Wir passten irgendwie zueinander. Da saßen wir – ein junger und ein alter Kauz mit Prinz Charles und schauten dem Gott des Lichtes zu, wie er unsere Atome zum Vibrieren brachte.

Schließlich blickte er auf seine Armbanduhr. Im nächsten Augenblick erhob er sich. »Hast du ein Navi?«, fragte er mich.

»Was bitte?!« Ich dachte, ich hätte mich verhört. Ich hatte ihm mein Herz ausgeschüttet und er fragte mich … Was? – ob ich ein Navi hätte?

»Ja?!«

»Gut. Dann findest du mich, wenn du möchtest.« Er kramte in seiner Jacke, zog eine Visitenkarte hervor und hielt sie mir hin. »Du brauchst keine Vision«, sagte er und wedelte mit seiner Visitenkarte. »Es gibt eine Lösung für deine Probleme. Wenn du Lust hast, mir neunzig Minuten deiner Zeit und Aufmerksamkeit zu schenken, werde ich heute Nachmittag zum Tee dein Mentor sein.« Wieder wedelte er mit der Visitenkarte. Ich nahm sie entgegen.

»16.30 Uhr zum Nachmittagstee. Mein Küchenengel Anni macht heute Apple Pie. Solltest du nicht verpassen.« Damit nahm er mir den inzwischen leeren Becher aus der Hand, verstaute alles in seinem Rucksack und blickte mich noch einmal an.

»Es würde mich wirklich freuen, dich wiederzusehen. Du brauchst keine Vision. Ich habe etwas Besseres für dich. Du brauchst eine Bedienungsanleitung für das Leben. Du musst dich nicht entscheiden. Du kannst deine tausend Träume alle umsetzen. Adresse …«, er zeigte auf die Karte in meiner Hand, »… findest du dort.«

Mit diesen Worten drehte er sich um, pfiff Prinz Charles, der gerade dabei war, eine imaginäre Maus auszubuddeln, und lief den Strand entlang. Ich schaute ihm verdutzt nach.

Mir kam diese ganze Szenerie damals irgendwie unglaublich vor. So surreal. Trotzdem, irgendwie mochte ich den Typen. Er strahlte etwas temperamentvoll Verschmitztes und gleichzeitig eine väterliche Ruhe aus. Außerdem sah er wie Albert Einstein aus. Wie sollte man den nicht mögen?

Erst jetzt fiel mir die Visitenkarte in meiner Hand ein. Einen Augenblick dachte ich, ich bin nicht ganz dicht im Kopf. Auf der Karte leuchtete mir ein Name entgegen. Ich war mir sicher, mich zu verlesen, und schüttelte meinen Kopf.

Dann schaute ich noch einmal genauer hin: ›Albert E.‹ stand da – und dann eine Adresse.

Ich blickte auf. Gegen das Licht der aufgehenden Sonne sah ich die sich entfernende Silhouette von Mister Albertí, wie sie Prinz Charles ein Stöckchen warf. Ich weiß, es klingt klischeehaft, aber ich stand auf und gab mir eine Ohrfeige. Doch auch nach der Ohrfeige (Aua!) hielt ich eine Visitenkarte in der Hand. Albert E. stand darauf. Wie Albert Einstein. Albertí war nichts anderes als Albert E., auf Englisch gesprochen. Es war kein Traum.

In meinem Gehirn lief ein Idiotenanalyse-Notprogramm durch. Womöglich war ich verrückt geworden? Nein, alle Gedanken waren ganz klar. Mein Magen rumorte. Es ging mir hervorragend. Besser als die ganzen zwölf Tage zuvor.

»Das ist ja wohl der hammerabgefahrendste Zufall aller Zeiten«, sagte ich laut zu mir selbst, kicherte und zog meine Klamotten für das morgendliche Bad im Meer aus.

Auf dem Weg ins Wasser musste ich laut lachen. Dass er mir mit meinen Problemen helfen konnte, hielt ich zwar für Angeberei. Das war mir an diesem Morgen allerdings erstaunlich egal. Ich fand es einfach nur cool, zum Tee bei einem Typen eingeladen zu sein, der wie Albert Einstein aussah und Albert E. auf seiner Visitenkarte stehen hatte. Vielleicht war er ein Double für Spielfilme und hatte mithilfe der Chirurgie etwas nachgeholfen. Der Typ war cool.

Die Wellen der Nordsee umspülten meine Zehen. Ich empfand das Wasser an diesem Morgen fast als warm.

Normal war das alles nicht.

Kapitel Sechs

Zum Nachmittagstee bei Albert E.

Wohin gehen wir? Immer nach Haus.

Hölderlin

Die auf der Visitenkarte angegebene Adresse führte mich nach wenigen Kilometern Anfahrt eine kleine Küstenstraße entlang. Die enge Straße war von dichter Vegetation gesäumt, die sich direkt am Meer an den Hang eines Berges schmiegte. Das satte Grün dieses fast subtropischen Waldes öffnete sich nach wenigen Hundert Metern Fahrt dem blauen Himmel. Zu meiner Rechten lag ein großes dreistöckiges Haus auf einem kleinen Plateau. Die Adresse auf der Visitenkarte.

Das Anwesen war ein typisches älteres englisches Haus. Schmal gebaut, mit vielen Schornsteinen, eingerahmt in einen stilvollen, in Terrassen angelegten Garten. Wald und Berg im Rücken, blickte man von hier auf das Meer. Ein traumhafter Ort. Wie so üblich ein wenig verwittert im landestypischen Gemisch von raffinierter Gestaltung und gelassenem Verfall.

Über der Gartenpforte hing ein Holzschild mit der Aufschrift Dreamtime Cottage, zu Deutsch: Traumzeit-Haus. In Großbritannien ist so etwas im ländlichen Raum üblich: Die Häuser haben hier hübsche, oftmals poetische Namen.

Da ich keine Türklingel fand, öffnete ich die Pforte und betrat den Vorgarten. In diesem Augenblick kam der Hund mit dem charmanten Namen Prinz Charles freudig bellend um die Hausecke geschossen. Dann war ich wohl richtig.

Ich durchschritt den Vorgarten, während mir Prinz Charles eine bunte Quietscheente anbot. Die warf ich ihm und er flitzte hinterher. An der Haustür angekommen fand ich den Zuggriff einer altertümlichen Türglocke. Daneben ein Schild mit der Aufschrift:

Albert E.

– Nur wenn du eingeladen wurdest –

Wirklich skurril. Ich zog kräftig an dem schmiedeeisernen Griff. Von drinnen ertönte ein helles Glockenläuten. Ich trat einen Schritt zurück und wartete.

Das war wirklich ein schönes Haus. Mit alten Eichentüren, Erkern, verzierten Fensterbögen, Bleiverglasungen und – dies für England dann nicht so typisch – in jedem Stockwerk einem Balkon, der um das gesamte Haus lief.

Nach einer kurzen Weile öffnete sich die Tür. Eine kleine blonde und ziemlich dicke Frau, gekleidet in einen Kittel mit Blümchenmuster, öffnete. Mit freundlich blitzenden Augen lächelte sie mich an. »Der Visionssucher vom Strand, vermute ich?!«

Einen Augenblick lang wusste ich nicht, ob es mir peinlich sein oder ob ich es lustig finden sollte. Bevor ich mich entschied, trat die Frau zur Seite und sagte: »Willkommen im Traumzeit-Haus! Magst du Apple Pie?«

»Danke!«, antwortete ich während ich an ihr vorbei in den lang gestreckten Flur trat. »Ich würde für ein Stück Apple Pie töten.«

»Nun, Albert E. sagt zwar, mein Apple Pie sei der köstlichste der Welt. Ich persönlich würde es dennoch für übertrieben halten, einen Mord dafür zu begehen. Du bekommst auch so ein Stück.« Dann sagte sie: »Ich bin Anni! Albert E. ist noch bis 16.30 Uhr beschäftigt. Komm doch solange mit in die Küche.« Ich folgte der ebenso sinnlich runden wie sympathischen Anni durch den Flur.

Das Haus sah auch von innen klasse aus. Ich hatte das Gefühl, in einem Fantasy-Film zu sein und eine magische Zaubererschule zu erkunden. Hier sah alles aus wie aus der Zeit gefallen. Der Flur hing voller antiker Kunstwerke und Fotos. Die Küche wirkte wie aus einem anderen Jahrhundert. Die Möbel, der holzbetriebene Herdofen. Kupfertöpfe und Geräte, die mich an die Bauernküche meiner Großeltern erinnerten. Es roch würzig nach Holzfeuer und gebratenen Äpfeln.

»Bitte, nimm Platz.« Anni wies auf die Stühle am Tisch. Dann ging sie zum Herd, auf dem in diesem Augenblick ein Kupferkessel röchelnd zu pfeifen begann. Ich setzte mich an den Tisch. Ich konnte nicht anders, die Frage rumorte in meinem Inneren: »Anni, darf ich fragen, wofür der Name Albert E. steht? Diese Abkürzung?«

»Albert wird von den Einheimischen Albert E. gerufen – ist sozusagen sein Spitzname. Er findet es lustig, weil das deutsche Albert E. englisch gesprochen Albertí (Ohlbörtí) klingt. Wie ein italienischer Name.«

»Aber ich meine, heißt er wirklich Albert Einstein?«

»Wie soll er sonst heißen?«

»Na ja, ich meine, das ist ja ein absoluter, keine Ahnung, äh … Zufall? Ich meine, die … diese, also diese extreme Ähnlichkeit mit dem berühmten Physiker Albert Einstein und dann heißt er auch noch genauso wie er?!«

»Was meinst du mit Ähnlichkeit?«

Ich blickte sie verdutzt an. Wollte sie mich auf den Arm nehmen? Anni goss das brodelnde Wasser aus dem Kessel in eine Porzellankanne. Ich verstand einfach gar nichts mehr. Der echte Albert Einstein war doch längst verstorben. Oder hatte ich irgendetwas nicht mitbekommen? Ich fragte mich gerade, welcher Film das hier war. Versteckte Kamera oder so was? Würde gleich Elvis den Raum betreten? Und im Garten traf ich Buddha beim Meditieren?

»Albert E. ist sein Spitzname hier in der Gegend.«

Ich saß mit glühenden Wangen und hohlem Kopf am Küchentisch und wollte nicht so richtig verstehen, was Anni da erzählte. Hatte sich die legendäre Komikertruppe Monty Python wiedervereinigt, nur um einen deutschen Visionssucher zu veralbern? So oder so, ich begann die Geschichte zu glauben. Irgendwie. Vermutlich nicht, weil sie logisch war. Sondern einfach, weil sie mir gefiel.

Im Flur vor der Küche hörte ich eine Kuckucksuhr, begleitet von einem Gong-Sound, zweimal Kuckuck rufen. »Teatime!«, sagte Anni, nahm das riesige Tablett, auf dem schon die Kanne, Tassen und eine mit Sandwiches, allerlei Backwerk und Plätzchen befüllte Etagere standen. »Komm mit, Albert E. ist jetzt so weit.«

Ich folgte Anni durch den Flur in ein großes Atelierzimmer. Zwei riesige und bis zum Boden reichende Glastüren boten einen atemberaubenden Blick auf das Meer. Das Zimmer war vollgestopft mit Sesseln, Sofas, mit Büchern und Skripten. Einem großen, ebenfalls mit Büchern, Skripten und Zetteln vollgepackten Schreibtisch. An den Wänden standen Bücherschränke und zwischen ihnen hingen zwei riesige grüne Schultafeln, vollgekritztelt mit Berechnungen, Texten, Skizzen und Zeichnungen. Zwischen alldem standen hier Skulpturen, dort lag eine Sammlung mit Strandgut: Muscheln, gebleichte Äste, getrocknete Seesternchen. In einer Ecke stapelten sich einige Leinwände mit Malereien. ›Das Spielzimmer eines Genies‹, dachte ich so für mich.

»Der junge Visionssucher vom Strand. Wie wunderbar, wie wunderbar!«, rief Albert E., als er mich erblickte. Ich ging auf ihn zu und hielt ihm steif meine Hand entgegen. Der Vollbart war weg. Da war nur noch ein lustiger Schnauzbart. Ich starrte ihn an. Der Mann war Albert Einstein.

»Danke für die Einladung, Herr … Einstein?«, stammelte ich nervös und machte den Versuch eines Bücklings.

»Nanana! Ich bin derselbe wie heute früh am Strand. Seitdem hat mich niemand heiliggesprochen. Doch auch als Heiliger würde ich es vorziehen, mit ›Du‹ angesprochen zu werden.«

Anni, die am Teetisch alles hübsch arrangierte, gluckste vergnügt und zwinkerte mir zu.

»Äh, okay, und wie darf ich Sie, äh … dich, wie soll ich sagen? Albert auf Deutsch? Albert E. auf Englisch?«

»Was kommt dir in den Sinn?«, kam seine Gegenfrage.

Uff. Mir wurde heiß. In den Sinn? In den Sinn?! Das alles hier machte gar keinen Sinn! Zwölf Tage am Strand liegen und jetzt bei einem der Genies der Menschheit zum Nachmittagstee eingeladen sein. Ich. Hauptberuf Loser. Vakuum durchwehte meinen Kopf. Kann Vakuum wehen? »Einstein!«, ploppte aus meinen Mund. Hatte ich das laut gesagt?

»Einstein!«, wiederholte Einstein. »So soll es sein! Und wie möchtest du angeredet werden?«

Ich dachte, jetzt drehe ich den Spieß mal um. ›Turn the tables‹ sagen die Engländer. »Was fällt Ihnen, äh … dir denn spontan für ein Name für mich ein?«

Einsteins Augen blitzten. »Du gefällst mir«, sagte er. »Lass mich überlegen … exzentrisch genug, sich fast zwei Maiwochen in Nordengland in den Sand zu legen, um herauszufinden, was er wirklich will. Mutig genug, sich die Frage zu stellen, wie man tausend Träume lebt. Was hältst du von …«

»Tausendträumer!«, warf Anni ein.

»… Tausendträumer?«, wiederholte Einstein.

»Darf ich dir einen Darjeeling eingießen, Tausendträumer?«, fragte Anni in diesem Augenblick.

Als sie das sagte, machte mein Herz einen Hüpfer. Es fühlte sich absolut gut an, als Anni Tausendträumer zu mir sagte. Das war dann wohl ein eindeutiges Ja! von meinem Herzen.

»Tausendträumer hört sich gut an«, stellte ich laut fest und ergänzte »Gerne!« in Annis Richtung.

»Der Kuchen kommt sofort.« Anni verließ den Raum, während Einstein auf die Sessel und Sofas wies: »Nimm Platz, Tausendträumer«, sagte er und setzte sich selbst in einen der Chesterfield-Sessel.

Ich nahm das Sofa. Oh, war das gemütlich. Nach einer Woche Autositz und Strand fühlte sich mein Po endlich mal wieder geliebt. Einstein nahm seinen Teetasse in die Hand und nippte einen Schluck. Ich tat es ihm gleich.

Was sollte ich denn jetzt sagen? Ein eigenartiges Schweigen hing im Raum. Mein Blick wanderte durch das Atelier. Ein Paradies für Kreative. Jede Ecke atmete Neugier, Wissen, Inspiration und Abenteuer.

Anni betrat das Atelier mit zwei Tellern, auf denen sich jeweils ein riesiges Stück Apple Pie mit einer prächtigen Portion Schlagsahne befand. Sie reichte erst mir, dann Einstein einen der Teller. Einstein nahm die Gabel und schob sich augenblicklich einen Bissen in den Mund. Anni blieb neben uns stehen und wies mich mit einem Nicken des Kinns an zu probieren.

Leute, ich hatte zwar zwölf Tage nichts mehr gegessen, vermutlich hätte mir auch Hundetrockenfutter gut geschmeckt – doch hier probierte ich fraglos eines der köstlichsten Stückchen Apfelkuchen ever! Einstein summte ein lautes »Mmmmh, Anni, du bist eine Künstlerin«.

»Boa, ist der gut!«, schob ich direkt hinterher.

Anni nickte, sagte »Gut! Das freut mich. Es sind noch weitere sechs Stücke da. Genier dich nicht, wenn du Nachschub willst, Tausendträumer.« Und verließ den Raum.

»Will ich auf jeden Fall!«, ploppte es unmittelbar aus meinem Mund. Was für ein Benehmen! Ich spürte meine Wangen rot anlaufen. Ich war echt peinlich. Anni rief im Verlassen des Raumes lachend: »Kommt sofort.«

Einstein sagte, während er sich eine weitere Gabel in den Mund schob: »Kein Sterblicher hat es je vermocht, nur ein Stück von Annis Torten zu essen. Nicht wenige versuchten es. Sie sind alle genussvoll schmatzend gescheitert.«

Tja, so endete meine Askese. Bedauerte ich es? Vielleicht hätte ich noch einen oder zwei Tage länger ausharren müssen und dann wäre meine Vision gekommen. Dieser Gedanke tauchte für einen winzigen Augenblick in mir auf. Dann schaute ich auf diesen Typen mit seinen Wuschelhaaren. Er hatte Sahne im Schnurrbart und summte genussvoll beim Kauen. Das Atelier sah aus wie ein Raum voller schöner Ideen. Ich blickte durch die Fenster auf das Meer, spürte die Textur von Teig, Äpfeln und Sahne in meinem Mund und dachte nur: ›Scheiß auf meine Pläne. Das hier ist einfach der krasseste Tag meines Lebens.‹

Als ich wieder zu Einstein sah, blickte er mich direkt an. »Wieso bist du hier?«, fragte er.

»Wieso ich …?« Ich hielt im Kauen inne und starrte das Genie an. War das nicht irgendwie unhöflich, so etwas zu fragen? Tatsächlich aber gefiel mir seine direkte Art. »Na, du hast mich eingeladen!«

Einstein schaute mich still an. Nein, das war nicht die ganze Antwort. Er hatte mir eine ehrliche Frage gestellt. »Ich brauche Hilfe«, sagte ich. Uff, das war schwer. Doch

Einstein reagierte gar nicht. Stattdessen begann er eine Parabel zu erzählen.

»Kennst du das Gleichnis von der überfließenden Teetasse? Ein Schüler kommt das erste Mal zu einem berühmten Weisen in ein Kloster. Er hat tausend Fragen in sich, die er dem Meister unbedingt stellen will. Irgendwann wird der Schüler zum Meister vorgelassen. Er beginnt sofort, auf den Meister einzureden, seine Fragen zu stellen. Der Meister aber reicht dem Schüler eine Teetasse mit Untertasse. Dann nimmt er eine Teekanne und beginnt den Tee in die Tasse einzuschenken. Doch als die Tasse voll wird, hört der Meister mit dem Gießen nicht auf. Schließlich fließt die Tasse über und der Tee füllt die Untertasse. Der Schüler fragt sich, ob der alte Meister vielleicht schlecht sieht, sagt aber nichts. Der Meister gießt weiter und schließlich fließt der Tee auch über die Untertasse auf den Boden. Da ruft der Schüler: ›Aber Meister, was tut ihr?! Seht ihr nicht, dass der Tee überläuft?‹

Da antwortete der Meister: ›Dein Geist ist wie diese Teetasse. Er ist voll. Was auch immer ich einfülle, führt zu nichts. Du musst zuerst deinen Geist leeren. Erst dann kann ich dich unterrichten.‹«

»Ja, die Geschichte kenne ich.«

»Nun, deine Zeit am Strand war nicht erfolglos. Ich würde sagen, du hast dort deine Tasse geleert. Jetzt ist da Platz für frischen Tee.« Dann ruckelte er, amüsiert von seinen eigenen Worten, mit seinem Schnurrbart hin und her.

In diesem Augenblick betrat Anni das Atelier. Sie trug die Platte mit der ganzen Apfeltorte in der einen und einen Becher mit Schlagsahne in der anderen Hand. »Ich dachte mir, ich bringe gleich den ganzen Kuchen. Dann müsst ihr nicht für jedes Stück nach mir rufen.«

»Schön hier, nicht war?!«, fragte mich Einstein, als ich

begeistert zu Anni und dem Kuchen schaute. Ich blickte ihn an: »Es fühlt sich eigenartig an.«

»Wie eigenartig?«

»Es fühlt sich an, als wäre ich nach Hause gekommen.«

»Das« – er schob sich eine weitere Gabel mit Appel Pie in den Mund – »ist so gewollt.«

Kapitel Sieben

Das Herzhören

Ein Freund ist ein Mensch, der die Melodie deines Herzen kennt und sie dir vorspielt, wenn du sie vergessen hast.

Albert Einstein

»Ich rede mal nicht lange um den heißen Brei herum«, fuhr Einstein fort. »Ich habe am Strand gesagt, dass du keine Vision benötigst, sondern eine Bedienungsanleitung. Du hast bereits gelernt, dein Herz zu hören. Deine Intuition hat dich genau hierher geführt.«

»Was bitte?«, unterbrach ich ihn. »Ich stolpere durch ein chaotisches Leben. Ich weiß eben nicht, was mein Herz will, was meine Berufung ist. Deshalb brauche ich ja Hilfe.«

»Du brichst dein Studium ab, weil du auf der Suche nach Klarheit bist. Du fährst tausend Kilometer in ein anderes Land. Liegst hier zwölf Tage in Nordengland im Sand rum, badest im Mai in der Nordsee. Du isst nichts als Leitungswasser. Jetzt sitzt du hier. Du bist gut im Herzhören.«

»Ja, aber das hat doch nichts mit Intuition zu tun. All das tue ich doch, um herauszufinden, was ich machen soll. Ich will wissen, wie ich das beste aller Leben lebe, bevor ich zu tief in eines der Hamsterräder gerate.«

»Das glaube ich dir nicht.«

Er schaute mich ruhig an. Ich brodelte innerlich. Wollte er sagen, ich log?

»Kognitive Dissonanz nennt man das«, grinste Einstein. »Was du denkst, warum du etwas tust, und warum du es wirklich tust, hat nichts miteinander zu tun.«

»Aber ich habe keine Vision. Ich weiß nichts. Mein Herz spricht nicht zu mir. Ich …«

»Du irrst dich.«

Hammer. Jetzt unterbrach er mich sogar. So was ärgerte mich. Wieso maßte der Typ sich an, besser über mich Bescheid zu wissen als ich selbst? Ohne dass ich etwas gesagt hatte, antwortete er: »Du denkst, du bist in Herzangelegenheiten inkompetent. Du meinst, dir fehlen die Erfahrung, die Intuition. Tatsächlich sitzen wir hier nur, weil du der Stimme deines Herzens folgst.«

Irgendwie wurde das alles … hmm, ich spürte Ablehnung gegen seine Aussagen. Es fühlte sich zu gut an, um wahr zu sein. Doch irgendetwas in mir war jetzt auf Rebellion gebürstet. »Wieso, bitte schön, irre ich mich?!«, entgegnete ich ungeduldig.

»Du hast zwei Wochen Nullfasten gemacht. Dann komme ich vorbei und du trinkst Schwarztee? Ich lade dich zum Kuchenessen ein und du …« – er schaute auf meinen Teller. Der war leer. Das zweite Stück. Keine Ahnung, wohin es verschwunden war. »Siehst du, dein Herz hat sofort erkannt, dass hier etwas Besonderes passiert. Du musstest nicht überlegen, oder?«

Er hatte recht. Es war einfach nur ein richtiges Gefühl gewesen, heute Morgen am Strand. Auch jetzt hier zu sitzen, fühlte sich gut an.

Anni, der Küchenengel, kam herein und fragte, ob wir noch genug Tee hätten. »Was ist das Geheimnis deines Apple Pie, Anni?«, rief ihr Einstein zu.

»Alte Apfelsorte. Zeit. Zimt. Liebe.«

Ich nahm mir noch ein Stück.

»Die meisten Menschen denken, sie hätten keine Intuition. Das ist nicht korrekt. Sie hören ihr nur zu selten zu. Sie ist immer da. Die Menschen labern sie nur mit ihrem ewigen Nachdenken, ihren destruktiven Zweifeln in die Depression. Hattest du Zweifel, ob du mich besuchen sollst?«

Jetzt musste ich eine Weile überlegen … Aber ja! Ich hatte immer wieder gedacht: ›Soll ich da wirklich hingehen? Was bringt mir das denn? Ich bin doch hier für die Visionssuche. Die kann ich doch nicht unterbrechen.‹

»Du hattest Zweifel. Dazu fällt mir eine zweite Parabel ein. Hast du noch Platz in der Tasse?« Einstein tippte sich an den Kopf und wackelte belustigt mit dem Schnurrbart hin und her. Ohne eine Antwort abzuwarten, legte er los.

»Ein junger Indianer, dessen Herz in Aufruhr war, setzte sich eines Abends zur Medizinfrau des Stammes an das Lagerfeuer. Die spürte den inneren Konflikt des Jungen und begann zu erzählen: ›In jedem Menschen kämpfen zwei Wölfe um sein Herz. Der eine Wolf ist missgünstig, gierig, böse und niederträchtig. Der andere Wolf ist respektvoll, bescheiden, sanft, voller Gleichmut und Liebe.‹

›Die kämpfen auch in dir?‹, fragte der junge Mann ungläubig, weil er dachte, nur ihm ginge es so.

›Sie kämpfen in jedem Menschen.‹

›Und welcher Wolf gewinnt diesen Kampf?‹

›Der, den du fütterst.‹«

»Die kannte ich noch nicht. Schöne Geschichte.«

»Die Frage ist, fütterst du den Zweifel und verzichtest darauf, etwas zu wagen? Oder fütterst du deinen Mut? Wagst etwas und lernst von dem, was dabei herauskommt? Hast keinen Bammel, wenn auch mal etwas schiefgeht, mal nicht klappt?« Er blickte mich forschend an. »Welchen Wolf fütterst du gerade? Ich meine, von deinem Magen einmal abgesehen?« Er zeigte auf meinen Teller. Da war nur noch ein halbes Stück Apfelkuchen. Keine Ahnung, was mit der anderen Hälfte passiert war.

»Iss nur so viel du magst! Ich bin nicht mehr so jung und genieße das Privileg, meinen Durchmesser im Verhältnis zur Lebenszeit in einer günstigen Proportion halten zu müssen.«

Ich war definitiv in einem Film. Tiefgang, Humor, Lebensfreude und Weisheit in anregendem Wechsel.

»Mut?«, fragte ich mehr, als dass ich es sagte.

»Fragst du mich? Wen fütterst du, Tausendträumer? Die Angst, den Zweifel oder dein Herzhören?«

Ich schnaufte ablehnend. Es fühlte sich gut an, hier zu sein. Ich schaute auf den Teller. Eine letzte Gabel. Leer. »Der Kuchen fühlt sich richtig an. Hier bei dir zu sein, fühlt sich richtig an.«

»Und? Ist da gerade überhaupt kein Zweifel in dir?«

Ich spürte in mich hinein. Ich hörte das Teufelchen auf meiner Schulter flüstern: ›Der Typ ist ein Spinner. Geh zurück an den Strand. Noch hast du die Chance!‹

»Na ja, ich frage mich schon, ob ich besser weiter am Strand geblieben wäre …«

»Und welches Gefühl fütterst du? Den Zweifel oder das andere?«

»Den Mut!«, sagte ich und fügte an: »Ist es unverschämt, wenn ich von den Sandwiches …?« Ich deutete auf die Etagere.

»Glaubst du, die sind zur Dekoration? Hau rein!«

Ich musste einen Augenblick nachdenken. Dann nahm ich mir gleich zwei Sandwiches und ein gefülltes Plunderteilchen. Anni brachte eine frische Kanne Tee an den Tisch. Als sie meinen vollen Teller sah, lachte sie laut auf: »Dich mag ich!«, tätschelte sie mir kurz die Schulter.

Einstein fuhr fort: »Das ist deine erste Lektion. Das

Herzhören heißt nicht, den Zweifel nicht auch zu hören. Es heißt, sich nicht von ihm stoppen zu lassen.«

»Lektionen? Bin ich hier in der Schule oder was?«, wollte ich wissen. Ich war irgendwie mit den Sandwiches, dem Fühlen und Denken so beschäftigt, dass es mir erst jetzt auffiel: Ich war zum Nachmittagstee bei Albert E. eingeladen, erhielt aber neben Tee und Köstlichkeiten ganz offensichtlich … äh?! »Erhalte ich hier gerade Unterricht?«, fragte ich.

»Gefällt es dir denn?«

In diesem Augenblick fiel es mir erstmals auf, was ich da tat: Ich dachte gar nicht nach. Ich lauschte vielmehr in mich hinein. Ich fragte in meinen Körper hinein, wie er sich fühlte. Jetzt gerade fühlte er sich so richtig gut an. In Wallung. Voller Neugier und Freude. In diesem Augenblick machte es in meinem Herzen »Bussssch!«, und ein warmes Strahlen flutete von dort über meinen ganzen Körper. Scheinbar konnte Einstein sehen, was in mir vorging.

Ich blickte diesen Typen mit seinen unordentlichen Wuschelhaaren und dem Schnauzbart an. Eine Million Fragen wühlten in mir. Erstmals in meinem Leben mit dem Gefühl: Hier sitzt jemand, der genug Weisheit und Erfahrung in sich hat, ein paar davon zu beantworten.

»Du bist nicht zufällig mein Gast«, fuhr er fort. »Du hast nicht zufällig diesen Strand ausgesucht. Was hat dich überhaupt dorthin geführt?«

»Ein Foto auf einer Zeitschrift.«

Einstein lachte kurz auf. »Und du bezweifelst, dass du deinem Herzen folgst? Mutig durch ein Universum voller Logik und Liebe schreitend?« Er zwinkerte mir schelmisch zu: »Testen wir mal dein Herzhören!«, sagte er.

Ich richtete mich im Sessel auf.

Oje, Tests! Mein liebstes Stressgebiet des Versagens.

Kapitel Acht

Traumtänzer

Am Ende wird alles gut. Und wenn es noch nicht gut ist, ist es noch nicht das Ende.

Indisches Sprichwort

»Wir haben ein Gästezimmer im Haus. Es gibt nur Frühstück und Nachmittagstee. Du kennst Annis Kochkünste inzwischen. Dir wird es also an nichts mangeln. Du bekommst jeden Tag mindestens eine Lektion. Nicht nur Theorie – wir setzen das Wissen gleich praktisch um. Jeden Tag sechzehn Uhr dreißig beim Nachmittagstee. Ausnahme Samstag, da machen wir Ausflüge oder haben Gäste im Haus. Sonntag ist Ruhetag. Darüber hinaus bin ich beschäftigt. Du siehst mich also nur zum Nachmittagstee. Der Rest des Tages gehört dir. Du bekommst Hausaufgaben, die du bis zum nächsten Tag erledigen musst.« Einstein machte eine Pause. »Was sagt dein Herzhören?«

»Aber ich weiß doch noch nicht, was ich lerne, wie kann ich dir da verspre…«

»Du lernst Träume tanzen.«

»Träume tanzen?«

»Genau das.«

»Was soll das denn heißen?«

»Als Traumtänzer wirst du deine tausend Träume nicht mehr als Last begreifen, sondern sie ebenso zielstrebig wie spielerisch umsetzen. Du tanzt mit deinen Träumen. Es wird dir eine Freude sein. Du musst dich dann auch nicht mehr entscheiden, mit welchen Träumen du tanzt und mit welchen nicht. Du wirst mit allen tanzen, auf die du Lust hast.«

»Ich werde alle meine Träume umsetzen?«

»Alle, auf die du Lust hast, ja.«

»Das klingt zu gut, als dass ich es glauben kann.«

»Vertraust du mir?«

Ich musste nicht lange überlegen: »Das tue ich.« Irgendwie war es gar keine Frage. Ich wollte unbedingt mehr Zeit mit diesem Menschen verbringen. Unser Gespräch, es fühlte sich an, als wäre mein Herz ein Adventskalender. Als hätte Einstein bereits drei oder vier Türchen geöffnet. Hinter jedem schien mir eine Erkenntnis verborgen. Ich spürte die Sehnsucht in mir, alle Türchen zu öffnen.

»Ich schlage dir einen Deal vor«, sagte Einstein.

»Geld habe ich nicht. Soll ich was für dich arbeiten?«

»Ja genau. Du kannst mein Honorar abarbeiten.«

»Was soll ich tun? Im Garten helfen?«

»Du versprichst mir, alles, was du hier lernst, in deinem Leben zu erproben.«

»Das ist keine Bezahlung. Das tue ich doch für mich.«

»Das ist nur der erste Teil des Deals. Wenn du die Tipps ausführlich in deinem Leben erprobt hast, dann musst du es an andere Menschen weitergeben. An mindestens zwei Menschen. Du musst das Wissen vervielfältigen.«

»Und wie soll ich das tun?«

»Keine Ahnung. An Stränden nach Visionssuchern Ausschau halten. Sie mit Breakfast Tea verführen. Bücher schreiben. Seminare geben. Tausendträumern wie dir Kuchen anbieten und sie auf neue Gedanken bringen?« Er grinste mich spitzbübisch an.

Ich schüttelte den Kopf. Das war alles? Die Großzügigkeit des Angebotes war mir peinlich. Mir fiel nichts Besseres ein als: »Ich nehme mir noch einen, ja?« Das war mein fünftes Stück Apfelkuchen.

Traumtänzer! Wer ist denn da nicht neugierig und will

es ausprobieren? Am meisten aber überraschte mich ein Gefühl: Ich konnte mein Herz hören.

Vielleicht, nur vielleicht, hörst du diese Stimme gerade auch. ›Sollte es möglich sein?‹, fragt das Herz. ›Ist da mehr im Leben möglich, als ich bisher gelernt oder umgesetzt habe?‹

Wenn dein Herz spürt, wie du ihm zuhörst und seiner Stimme folgst, dann beginnt ein warmes Strahlen oder Fließen von ihm aus durch den ganzen Körper zu strömen. Das ist keine Einbildung. Es handelt sich um Physiologie. Der Körper schüttet Glückshormone aus. Physik und Biochemie. Sehr schönes Gefühl.

Ich blickte mich im Atelier um. Blickte durch die großen Atelierfenster hinaus aufs Meer. Einstein sagte nichts, beobachtete mich. Tränen stiegen mir in die Augen.

»Ja!«, flüsterte ich leise und dann sagte ich laut: »Ein ganz dickes Ja!« Die Tränen liefen. »Entschuldigung – ich habe keine Ahnung, wieso ich jetzt heule.«

Einstein stand auf, kam an meinen Sessel, ging neben mir in die Hocke und legte seine Hand auf mein Knie. Woraufhin die Tränen erst recht kullerten.

»Wie mein guter Freund Gandalf zu sagen pflegt: Nicht alle Tränen sind von Übel – noch einen Darjeeling?«

»Gerne!«, schluchzte ich und dann fragte ich lachend: »Gandalf hat einen Darjeeling angeboten?«

Einstein wackelte wieder belustigt mit seinem Schnurrbart. Dann goss er mir eine Tasse Tee ein und reichte sie mir mit den Worten: »Willkommen zur Traumtänzer-Ausbildung. Du bist jetzt mein Schüler.«

Ich wischte mir die Augen. »Und was nun?«, fragte ich meinen … meinen Lehrer.

Der sprang wie ein quirliges Wiesel auf und flitzte an

seinen mit Büchern, Zetteln und allerlei Kram übervollen Schreibtisch. Er verschwand einen Augenblick dahinter und tauchte mit einem Buch in der Hand wieder auf. Bemerkenswert agil, dachte ich, er musste doch schon … keine Ahnung – sehr alt sein?

»Hier ist deine erste Aufgabe. Sie heißt Traumsammeln«, sagte Einstein und hielt mir ein dickes Buch hin.

KAPITEL NEUN

Das Buch der tausend Träume

Dinge, denen Sie einen Namen geben, besitzen Sie auch. Gesammeltes, aber namenloses Zeug besitzt dagegen Sie.

David Allen

Ich nahm das ziemlich schwere und dicke Buch entgegen. Auf dem Cover stand: Mein Buch der 1000 Träume.

Sofort schaute ich hinein. Etwas enttäuscht stellte ich fest, dass es sich um so eine Art Notizbuch oder Kalender oder so etwas handelte.

Einstein blickte mich grinsend an. »Du hast ein Buch mit den ultimativen Weisheiten, wie du ein besonderes Leben führst, erwartet, stimmt's?

Ich öffnete den Mund, der aber nur »Ööh ...« sagte.

»Das wird es werden! Nur Geduld. Du wirst es zu diesem Buch machen.«

Ich verstand rein gar nichts.

»Hier ist deine erste Hausaufgabe: Bis morgen zum Nachmittagstee wirst du Traumsammler. Du schreibst alle deine Träume, Wünsche und Ideen, alles, was du gerne machen würdest, auf die ersten Seiten, genau hier ...« Er lehnte sich zu mir herüber und blätterte im Buch, das auf meinen Oberschenkeln lag. ›Meine 1000 Träume‹ war die Überschrift oben auf der Seite, darunter folgten durchnummerierte Zeilen. Ich blätterte um. Die Nummerierung erstreckte sich über etliche Seiten.

»Unterschätze diese Aufgabe nicht. Es könnte anstrengend werden. Dafür hast du auch einen ganzen Tag nichts anderes zu tun als deine Träume, Wünsche und Ideen aufzuschreiben.«

»Wie genau soll ich vorgehen? Einfach in jede Zeile beschreiben, was ich gerne machen oder erleben oder lernen würde?«

»Jaja, ganz einfach. Ein Wort genügt oder eben ein kurzer Satz, wenn notwendig.«

»Okay, klingt einfach. Und wofür soll das gut sein?«

»Das sehen wir dann. Hier noch ein wichtiger Tipp fürs Traumsammeln: Du musst alle Träume, Ideen und Wünsche und Projekte hineinschreiben. Die ganz kleinen genauso wie die ganz großen Träume.«

»Was meinst du mit kleinen oder großen Träumen?«

»Wenn du zum Beispiel unbedingt einmal das neue Himbeereis bei deiner Lieblingseisdiele probieren möchtest, dann ist das ein relativ kleiner Wunsch. Willst du mit einer Freundin ein besonderes Abendessen in einem tollen Restaurant in deinem Wohnort einnehmen: kleiner Traum. Ist das Restaurant in Bangkok: mittlerer Traum.«

Das war einfach. Ich nickte.

»Wenn du dir vornimmst, so etwas wie eine Visionssuche an der englischen Nordseeküste zu machen, ist es ein größeres Projekt, was dir aus deiner Erfahrung klar ist.«

Ich grinste ihn an.

»Wenn du Bundeskanzler in Deutschland werden willst, ist das ein anspruchsvolleres, größeres Projekt. Um nicht zu sagen: ein ziemlich großes Projekt. Willst du den Weltfrieden herstellen, ist das ein, na ja – dagegen ist ›Kanzler werden‹ ein kleines Projekt.« Er zwinkerte mir zu.

»Alles klar. Also einfach alle Wünsche.«

»Ganz genau. Keine Bewertungen, so nach dem Motto: ›Ach, es ist doch eher unwahrscheinlich, dass ich Professor für Quantenphysik in Oxford werde.‹ Einfach aufschreiben, wenn du diesen Traum in dir trägst.«

»Mmh, aber dann komme ich mit tausend Träumen

nicht hin.« Ich hob das ›Buch der 1000 Träume‹ in die Höhe.

»Das siehst du dann ja. In diesem Fall nimmst du dir eben noch ein paar Zettel hinzu und schreibst eben zweitausend Träume und Wünsche auf. Im Flur beim Telefon liegen Schreibblöcke. Fühl dich frei, dir da welche zu holen. Auch wenn es fünftausend Wünsche und Träume sind.«

Jetzt fühlte ich mich plötzlich total gut gelaunt. Was für eine coole Aufgabe. Wie ein Spiel: all meine tausend Wünsche aufschreiben. Ich nahm mir noch ein Sandwich mit Salat, Mayonnaise, Eiern und frischen Kräutern darauf. »Und was machen wir dann mit dieser Traumliste?«

»Das sehen wir dann morgen. Zuerst der Spaß, dann das Spiel.«

»Heißt es nicht: ›Erst die Arbeit, dann das Spiel‹?«, fragte ich mit etwas zu viel Sandwich im Mund.

»Das Sprichwort ist von Menschen im Hamsterrad. Die denken, es gebe einen Unterschied zwischen Arbeit und Spaß. Eine Grundannahme über Produktivität, die auf einem veralteten Mindset beruht.«

»Veraltetes Mindset?« Ich kam mir vor wie ein Papagei. Was sollte ich machen? Ich hatte halt viele Fragen.

»Wir lernen die Welt so zu sehen, wie unsere Eltern, unsere Familien und Freunde es an uns weitergaben. Sie lernten es von ihren Eltern, ihren Familien und Freunden. So halten alle ihre Art, die Welt zu sehen, für normal.

Im Kindergarten, in der Schule, in Ausbildung und im Beruf – hat dir da irgendwo jemand beigebracht, Arbeit sollte Spaß machen, Freude bringen und Sinn stiften?«

»Äh … nein?« Ich überlegte einen Atemzug lang. »Du hast recht, solche Sachen hat mir nie jemand erzählt.«

»Welches Fach mochtest du in der Schule am wenigsten?«

»Mathematik«, antwortete ich wie aus der Pistole geschossen und ergänzte: »Tut mir leid – ist so …«, weil ich dachte, der größte Physiker der Welt wäre womöglich beleidigt. Er zwinkerte mir aber nur zu. »Und dein liebstes Fach?«

»Deutsch.« Auch das kam sofort.

»Hat dich Deutsch angestrengt?«

»Überhaupt nicht. Ich liebe es. Lesen. Schreiben. Diskutieren über die klugen Gedanken kluger Menschen.«

»Warum willst du dann Mathematiker werden?«

»Wer sagt denn so etwas? Ich würde nie was mit Mathematik machen können. Sorry, aber … ich hasse Mathe.«

»Vielleicht hasst du auch nur, wie sie dir Mathematik in der Schule beigebracht haben. Wichtig ist hier: Im Augenblick würdest du nicht auf die Idee kommen, einen Beruf oder eine Arbeit für dich auszuwählen, die mit Mathematik zu tun hat, richtig?«

»Nie! Das wäre der Horror.«

»Wäre auch ein Beruf, in dem es um Sprache, Literatur und Schreiben geht, der Horror?«

»Nein, nein, das wäre der Himmel.«

»Kannst du dir vorstellen, dass du lesen, schreiben, diskutieren und nachdenken als Arbeit wahrnehmen würdest, also als etwas eher Unangenehmes?«

»Unmöglich.«

»Wenn du jeden Tag acht Stunden lesen, schreiben und diskutieren müsstest und anschließend deinen Hobbys nachgehen …«

»Das wären meine Hobbys«, unterbrach ich den Mann mit den Wuschelhaaren.

»Hm. Dann mach doch dein Hobby zum Beruf.«

Ich überlegte einige Augenblicke. Das ging natürlich nicht. Als Autor verdiente man zu wenig. Da konnte man nicht von leben. Das war wenigen Superschriftstellern vorbehalten. Aber die Vorstellung war schön. »Das geht doch nicht!«, protestierte ich.

»Spaß zu haben bei etwas, was andere Arbeit nennen? Das geht nicht? Oder denkst du, es geht nicht, davon leben zu können?«

Das war eine Fangfrage. Woher hatte ich diese Idee: Arbeit macht keinen Spaß? Arbeit muss anstrengend sein. Mit der Arbeit verdient man sich sein Geld für das, was dann Freizeit ist und Spaß macht.

»Kannst du dir einen berühmten Künstler – meinetwegen Picasso – vorstellen, der mit dreiundsechzig sein Atelier schließt und sagt: ›Ich bin jetzt in Rente. Jetzt mache ich endlich etwas, was mir Spaß macht!‹?«

Ich lachte kurz, soweit es ging mit dem Sandwich im Mund. Völliger Blödsinn, so eine Vorstellung.

»Kannst du dir einen Wissenschaftler vorstellen, der fünfzig Jahre daran gearbeitet hat, richtig gut auf seinem Gebiet zu werden, nur um dann plötzlich zu sagen: ›Rente! Jetzt mache ich endlich etwas, was mich nicht so anödet!‹?« Er zeigte dabei mit dem Finger auf seine Brust und wackelte mit seinem Schnurrbart.

»Das wäre aber Verschwendung«, fand ich.

»Meinst du Picasso und Einstein arbeiten nicht?«

Ich verstand. »Ich vermute, sie arbeiten sehr viel.« Wenn du etwas machst, was du gerne machst, was dein Herz erfüllt, dann ist es irgendwie keine Arbeit. Nicht im herkömmlichen Sinne, von wegen unangenehm fies, anstrengend und nur, um Geld damit zu verdienen. Geld für etwas, was dann Spaß macht. »Aber ich kann doch nicht von Deutsch leben«, wisperte ich etwas frustriert.

»Wer sagt das?«, fragte Einstein streng.

Ja, wer sagte das eigentlich? Ich konnte mein Gehirn beobachten, wie es angestrengt Gründe suchte, warum man vom Schreiben und Lesen nicht leben konnte.

»Na, müllst du gerade dein Herz zu?«, fragte mein Lehrer, der zu ahnen schien, was in mir vorging.

»Ach, ich weiß nicht.«

»Wenn du in einer Familie von Schriftstellern, Journalisten oder Deutschlehrern aufgewachsen wärest, würdest du dann auch denken, so zu leben geht nicht?«

»Wahrscheinlich nicht.«

»Es gibt zehntausend Menschen auf der Welt, die gut vom Schreiben leben, vermutlich sogar mehr.«

Ich überlegte. In mir rumorte es. So etwas konnte doch nie klappen. Von Sprache leben. »Aber es können doch nicht alle Schriftsteller werden«, suchte ich nach Gegenargumenten.

»Wollen denn alle Schriftsteller werden? Ich eher nicht. Anni auch nicht.«

»Vermutlich nicht«, musste ich eingestehen. War eine blöde Idee.

»Frag Anni, warum sie bei mir hilft. Frag nach den Blödeln.«

Blödeln? Was sollte das denn sein? Einstein machte eine Pause.

»Wir driften ab. Kümmere dich um dein ›Buch der 1000 Träume‹ und deine Wunschliste. Und spür einmal hinein, woher deine Idee kommt, Arbeit müsse unangenehm sein.« Er lachte laut auf. Dann blickte er auf die Wanduhr. »Oh! Die Freude ruft! Ich mache dir folgenden Vorschlag. Ich habe jetzt etwas anderes zu tun. Anni zeigt dir deine Unterkunft und du isst die restlichen Leckereien dann auf deinem Zimmer.«

Nanu? So ein abruptes Ende. Ich überlegte, ob ich beleidigt sein sollte. Oder ob ich etwas Falsches gesagt hatte oder Einstein sich mit mir langweilte. Da gongte die Uhr im Flur und im selben Augenblick betrat Anni das Atelier.

»Unser Tausendträumer wird einige Zeit in unserem Gästezimmer residieren«, sagte mein neuer Lehrer.

»Ich habe es bereits hergerichtet«, antwortete Anni ohne jede Überraschung. Dann erhellte sich ihr eh schon leuchtendes Gesicht mit Blick auf die – leere – Kuchenplatte. »Wow! Tausendträumer, ich mag dich wirklich!«

»Der Kuchen war soooo gut.« Ich wurde rot. Vom Apple Pie war nichts mehr übrig. Von der Sahne ebensowenig.

»Du bist ja so willkommen in diesem Haus«, säuselte Anni. »Nimm die Etagere mit. Ich zeige dir dein Zimmer.«

Ich blickte zu Einstein. Der war schon wieder an seinem Schreibtisch und hatte den Wuschelkopf über irgendwelche Unterlagen gesenkt. »Vielen Dank für alles!«, rief ich ihm zu.

Er hob die Hand und wedelte mit ihr in der Luft herum: »Jaja. Denk an deine Hausaufgabe.«

Als wir aus dem Atelier raus waren, fragte ich Anni: »Ist er irgendwie beleidigt? Er war plötzlich so kurz angebunden.«

»Da mach dir keine Sorgen. Er ist einfach nur fokussiert. Das hat nichts mit dir zu tun. Wenn er für dich da ist, ist er zu hundert Prozent für dich da. Wenn der Nachmittagstee vorbei ist, ist er ganz bei dem, was er dann eben tut.«

Okay. Das war irgendwie beeindruckend. Der Typ hatte Stil. Während ich hinter Anni her die Treppe hinaufstieg, dachte ich nur: ›Heute morgen habe ich noch Wasserfasten an der Nordsee gemacht. Jetzt werde ich von einer Küchengöttin verköstigt. Heute morgen habe ich noch am Strand gesessen und auf eine Vision gehofft. Jetzt habe ich einen Mentor. Interessante Entwicklung.‹

Kapitel Zehn

Traumsammler

Es findet keine Innovation statt, es sei denn, man ist bereit, die Regeln zu brechen, die andere Leute geschrieben haben. So einfach ist das.

Dave Asprey

Mein Zimmer war gemütlich in einer Art Landhausstil eingerichtet. Alles alte, gepflegte Möbel. Wie schon in der Küche – eine Reise in eine andere Zeit. Am besten gefiel mir: Der Schreibtisch hatte Meerblick. Es gab einen Balkon – ebenfalls mit Meerblick. Wahnsinn!

Nachdem mir Anni alles gezeigt hatte, duschte ich erst einmal heiß. Nach zwölf Tagen baden in der Nordsee im Mai fühlte es sich unter der Dusche an wie im Paradies.

Das kleine Badezimmer hatte ebenfalls ein Fensterchen mit Blick auf … du wirst es erraten: das Meer.

Ich wollte mich nach dem Duschen direkt an meine Aufgabe machen und mit dem Träume-Aufschreiben beginnen. Dann wachte ich auf dem Bett auf. Ein frischer Luftzug wehte durch die Gardinen am Fenster. Das Zimmer leuchtete rot. Das Meer brannte vom Licht der untergehenden Sonne. Da war ich dann wohl eingeschlafen. So ein Bett war schon eine tolle Erfindung. Der Sonnenaufgang heute morgen am Strand – war das wirklich an diesem Morgen gewesen? Es fühlte sich an, als wäre es eine Woche her, so viel hatte ich heute erlebt.

Das schöne Licht verführte mich zu einem kleinen Spaziergang. Ich ging vom Haus durch den Garten und stieg eine kleine, in den Fels gehauene Treppe hinunter zum Meer.

Die Wellen schwappten ruhig an die Klippen. Ein paar Seevögel zogen still über den leuchtenden Abendhimmel. Die Luft duftete würzig nach Tang, Salz und Frühling.

Morgen vor vierzehn Tagen war ich über den Ärmelkanal gefahren. Auf der Suche nach dem Bamburgh Castle und einer Vision. Ich wollte herausfinden, wie man ein traumhaftes Leben führt. Wie man seine Träume umsetzt und statt mit Bedauern mit Freude und Stolz dem Tod begegnet. Eine Vision hatte sich mir bekanntermaßen nicht offenbart. Doch sollte ich enttäuscht sein?

Ich blickte die Klippen hinauf zum Haus. Es fühlte sich gerade an, als wäre es mein Zuhause. Ich dachte: Vielleicht ist hier zu sein viel besser als eine Vision. Ich beschloss, meine zwölf Tage am Strand nicht als Scheitern wahrzunehmen. Ich wusste nicht, was kommen würde. Ich wusste nur oder ahnte es: Hier bin ich richtig. Überrascht spürte ich wieder dieses Gefühl von: ›Ich bin angekommen. Hier darf ich ich selbst sein. Hier darf ich Fragen stellen. Und bekomme Antworten.‹

Langsam wurde es dunkel über dem Meer. Ich stieg den steilen Pfad wieder hinauf, zurück zum Traumzeit-Haus. Im Garten beleuchteten ein paar dezente Lämpchen den Weg zum Anwesen. Aus einigen Fenstern des Traumzeit-Hauses schien warmes Licht.

Auf meinem Weg zum Zimmer begegneten mir weder Einstein noch Anni. Oben angekommen kochte ich mir erst einmal einen Kaffee. Auf Gästezimmern in Großbritannien stehen meistens Tassen, Tee und Kaffee sowie ein Wasserkocher. Ich setzte mich mit dem fertigen Heißgetränk an den Schreibtisch und schlug ›Mein Buch der 1000 Träume‹ auf. Irgendwie freute ich mich auf das, was jetzt kam. In der Ferne leuchteten die Lichter vorbeifahrender Schiffe, als ich mit dem Traumsammeln begann.

Nach einer halben Stunde steckte ich fest. Bei einhundertundsieben Träumen hatte ich einen Hänger. Mir fielen keine weiteren Wünsche mehr ein. Ich war völlig baff. Wie konnte das denn sein? Das waren ja kaum welche. Es fühlte sich aber immer so an, als hätte ich unendlich viele Träume. Das war irritierend.

Ich strengte mich dann richtig an. Dachte über mein Leben daheim nach. Was ich so machte und vorhatte. Dann kamen noch weitere Ideen und Wünsche. Einhundertvierundvierzig waren es eine Stunde später. Gegen dreiundzwanzig Uhr schließlich einhundertfünfundfünfzig. Dann ging nichts mehr, so sehr ich mich auch anstrengte.

Dann dachte ich an all die Bücher, die ich noch lesen wollte, und ich notierte ihre Titel. Siebenundzwanzig fielen mir ein. So was! Ich wusste, es waren zehnmal so viele. Die fielen mir aber nicht ein.

Dieses Träumesammeln hatte einen erstaunlich ernüchternden Effekt. ›Unzählig‹ waren meine Träume und Sehnsüchte dann wohl doch nicht. Obwohl es mir irgendwie peinlich war, weil ich immer behauptet habe, ich hätte tausend Träume, so war ich ganz erleichtert, nur einhundertzweiundachtzig Zeilen füllen zu können, siebenundzwanzig davon mit Büchern.

Obwohl mir der Kopf vor lauter Traumsammlerei rauchte: Mein Mentor hatte recht – das Traumsammeln machte Spaß. Doch schließlich wurde ich wieder müde. Ich klappte das Buch zu und ließ mich aufs Bett fallen. Als ich die Augen schloss, wechselte das Gefühl der Beschämung dem der Verzweiflung. Einhundertzweiundachtzig Träume. Tatsächlich waren das eigentlich enorm viele. Welche sollte ich umsetzen? Welche waren dumme Träumereien? Welche wichtig für mein Leben?

Ich erinnerte mich an die Geschichte mit den Indianern:

Welcher Wolf gewinnt die Oberhand? In diesem Augenblick entschied ich: der Wolf der Hoffnung und des Mutes. Und so konzentrierte ich mich nicht auf meine Zweifel, sondern auf meine Dankbarkeit. Was war das doch für ein außergewöhnlicher Tag gewesen. Ein wildfremder Mensch hatte mich angesprochen und eingeladen. Jetzt war er mein Mentor. Und nicht irgendwer! Dieses magische Haus hoch oben über dem Meer. Die sonnige Anni in ihrer Küche jenseits der Zeit. Das Atelier mit diesem Typen mittendrin. Nachmittagstee bei Albert Einstein. Kichernd vor Glück wühlte ich mich in die weichen Kissen. Was hatte ich alles gelernt! Ich nahm mir vor, den ganzen Tag vor dem inneren Auge noch einmal Revue passieren zu lassen.

Im nächsten Augenblick wachte ich von der aufgehenden Sonne auf, die warm ins Zimmer schien. Da war ich am Abend wohl sofort eingeschlafen. Ich rekelte mich im Bett, freute mich am Licht im Fenster und sog die frische Meeresluft tief in meinen Lungen.

Was war das?

Es roch herrlich nach … hmm? Kaffee! … und …oh!, gebratenem Frühstück. Sofort grummelte mein Magen. Ich klemmte mir mein ›Buch der 1000 Träume‹ unter den Arm, das – ich schaute noch einmal hinein, vielleicht hatten sie sich ja über Nacht vermehrt – einhundertzweiundachtzig Träume enthielt. Inklusive siebenundzwanzig Büchern. Gemeinsam gingen wir hinunter in die Küche.

Kapitel Elf

Anni und die Blödeln

Es gibt kein richtiges Leben im falschen.

Adorno

»Knock, knock!«, klopfte ich an den Küchentürrahmen. Anni stellte gerade eine Pfanne auf den Herdofen.

»Oh, wie schön, der Kuchenfan! Guten Morgen, Tausendträumer! Immer rein in die gute Küche. Kaffee oder Tee?«

»Kaffee, bitte.«

»Bitte nimm Platz. Magst du Northumberland-Frühstück?«

»Unbedingt! Nur keine Würstchen und keinen Speck, bitte.«

»Keine Sorge, wir sind ein vegetarischer Haushalt.«

Für alle, die noch nie auf der Insel waren, habe ich mal ein Video produziert. Dort bereite ich ein gutes Inselfrühstück zu – du kannst es nachkochen. Worte zeigen nicht, was Bilder vermögen. Es kursieren in deutschsprachigen Landen leider immer noch Legenden und Mythen über die englische Küche, die aus der Zeit nach den großen Kriegen stammen. In den letzten dreißig Jahren hat sich das Inselreich kulinarisch neu erfunden. Auch dazu gibt es Filme von mir. Folge den Links am Ende des Buches, damit du eine Idee davon bekommst, wie lecker es mir in Nordengland ging.

»Einstein hat gesagt, ich soll dich nach deinem Leben fragen«, platzte es gleich beim Orangensaft aus mir heraus.

»Gut!«, freute Anni sich. »Fragen sind der Schlüssel zum Erfolg.«

»Mir haben in der Kindheit immer alle gesagt: ›So was fragt man doch nicht‹ oder: ›Das ist ungehörig.‹«

»Das sind Blödeln.«

Ich verstand nicht. »Blödeln? Das Wort hat Einstein schon benutzt. Was sind Blödeln?«

Anni gab ein dickes Stück Butter in die Pfanne. »Blödsinnige Reg-eln. Blöd-eln. Wir lernen Regeln von unseren Eltern und älteren Geschwistern, Großeltern, Onkeln und Tanten. Dann in der Schule. An der Uni. In der Ausbildung. Regeln, die irgendwann einmal irgendwelche unserer Vorfahren aufgestellt haben, weil sie damals vermutlich sinnvoll waren. Vor einhundert oder eintausend Jahren. Seitdem werden sie von Generation zu Generation weitergereicht. So gut wie keiner fragt sich, ob sie noch Sinn machen.« Anni legte die Veggiewürstchen ins zischende Fett der Pfanne. Ich starrte sie fasziniert an. Das war nicht so ganz der Text, den ich von einer Haushälterin erwartet hatte.

»Doch zu deiner Frage: Was glaubst du, was ich gelernt habe. Was ist meine Ausbildung?«

Das war mir jetzt etwas unangenehm. Eine dicke, strahlende Frau, die den besten Apfelkuchen der Welt aus dem Ofen zauberte und bei Einstein Haushälterin war? »Keine Ahnung«, gestand ich. »Ist Haushälterin eine Ausbildung? Oder bist du Köchin? Konditorin? Dein Kuchen lässt diesen Verdacht aufkommen.«

»Ich habe Neurobiologie und Psychologie studiert …«

»Du veräppelst mich?«

Anni gluckste: »Nein, Äppelkuchen war gestern, heute gibt es … ach, lass dich überraschen.«

»Du bist Neurobiologin?! So mit Uni und Studium?«

»Sogar mit zwei echten Doktortiteln. Ein oder zwei Spiegeleier?«

»Dokto? … äh, zwei Eier, bitte.« Jetzt hatte ich gerade eine Fehlschaltung. Wenn sie Doktorin der Neurobiologie und der Psychologie war, wieso arbeitete sie hier in der Küche bei Einstein? Hatte sie kleine Kinder? Pflegebedürftige Eltern? Was war da denn schiefgelaufen?

»Der Wissenschaftsbetrieb hat mich nicht erfüllt«, begann Anni zu erzählen. »Ich machte zwar Karriere, gab erste Vorlesungen an der Uni. Ich war jedoch nicht wirklich glücklich dort. Bis ich meine zukünftige Frau Isabella kennenlernte. Durch sie fand ich zu meinem Mut und – nun stehe ich hier!« Anni lächelte. Die meinte das ernst!

›Wow-Wow-Wow!‹, dachte ich nur. Wo bin ich hier gelandet? Ich hatte mich gestern schon in Anni verliebt (wegen des Kuchens und weil sie so von innen heraus leuchtete), aber jetzt dachte ich nur: ›Was für eine geniale Frau ist das denn?‹

»Ja und wie? Wie bist du denn von der Neurobiologie und Psychologie in Einsteins Küche gekommen?« Im nächsten Augenblick bereute ich meine Worte. Ich hatte so einen Subtext hineingelegt, als wäre Haushälterin bei Albert E. eine Art ›Downgrade‹, ein Abstieg. Zu meiner Überraschung und Erleichterung reagierte Anni gar nicht beleidigt.

»Ich bewirtschafte mit meiner Frau Isabella und ein paar anderen Leuten einen Bauernhof eine halbe Meile von hier. Isabella war Beamtin im Straßenbau. Bertold Oberstufenlehrer in Bayern. Mark Gartenbauer mit fast dreißig Angestellten. Abdul Journalist. Wir alle waren unzufrieden mit unseren Leben. Wir hatten Sehnsucht nach Erde an den Fingern. Gemeinschaft. Nach Nahrungsmitteln ohne Chemie. Tja, und jetzt sind wir Bio-Landwirte. Ein jeder von uns hatte so einen Moment in seinem Leben, zu dem er spürte ›Da stimmt etwas nicht. Da ist so eine Sehnsucht in mir. Das Leben, was ich gerade lebe, ist nicht das Leben, was ich gerne leben würde.‹«

Sie legte eine in zwei Hälften geteilte Tomate in die Pfanne. Dann blickte sie mich an. Ich hatte wohl den Mund weit auf stehen.

»Mach zu, es zieht!«, lachte sie.

Ich musste mich einen Augenblick sammeln. »Ihr habt dieselbe Entscheidung getroffen wie ich. Raus aus dem Hamsterrad. Für mich war es leicht, ich habe halt mein Semester unterbrochen. ... Ich bewundere deinen Mut. Ich meine ... echt, du hast *zwei* Doktortitel? Da hast du doch unendlich viel Zeit in deine Karriere investiert! Und das hast du sausen lassen? Das ist unglaublich.«

Anni nickte: »So etwas erscheint uns unglaublich, weil wir es so gelehrt bekommen. Man absolviert keine Ausbildung, die acht Jahre dauert, macht dann zehn Jahre Karriere, nur um etwas völlig Neues zu beginnen. Doch so etwas zu denken ist eine Blödel.« Anni blickte mich an. »War es leicht, das Semester zu schmeißen und herzufahren?«

»Ich konnte nicht anders. Ich war so unglücklich. Und es hat mich hierher gezogen.«

»Das ist es!«, nickte Anni. »Das ist der Weg. Du hast keine Ahnung, was kommt. Doch du spürst, du bist nicht glücklich. Und dann machst du dich auf den Weg. Auf die Heldenreise. Gegen alle inneren und äußeren Widerstände.«

Heldenreise! Das klang gut. Ich hatte eher das Gefühl, auf einer Verlierertour zu sein. Nichts an mir und meinem Leben fühlte sich nach Held an. Ich wollte mehr wissen: »Was führte dich dann hierher in die Küche?«

»Albert E. war Kunde in unserem Hofladen. Ich koche gerne. Er weiß meine Arbeit zu würdigen. Ich helfe einem der Denker unserer Zeit. Er unterstützt unseren Hof. Nun:

Hier bin ich! Außerdem coache ich ihn gelegentlich. Meine Zeit an der Uni war ganz sicher nicht umsonst.«

»Wahnsinn!« Ich war begeistert. Das war ja voll die Freak-Ecke, in der ich hier in Nordengland gelandet war. Albert Einstein mein Mentor und eine Dr. Dr. Neuropsychologin als Kuchengöttin.

»Macht es dir denn gar nichts aus, als graduierte Akademikerin … äh … – es soll jetzt nicht herablassend klingen – aber du bist doch völlig überqualifiziert für einen Bauernhof oder als Haushälterin. Egal, was Einstein dir bezahlt, du könntest doch als Wissenschaftlerin viel mehr verdienen, oder?«

»Das sind Blödeln. So denken die meisten Menschen. Es hat mich einfach nicht glücklich gemacht, verstehst du? Was habe ich von Geld und Karriere, wenn sie mich nicht glücklich machen?«

Da bekam ich also gerade meine Frühstücksleckereien von einer Doppeldoktorin gebraten, die nebenbei einen Biohof mit anderen Traumpionieren betrieb. Und gelegentlich Albert Einstein coachte. Oder umgekehrt. Jetzt fand ich Anni noch schöner. »Ich bekomme gerade irgendwie ein schlechtes Gewissen, mich hier von dir bedienen zu lassen«, sagte ich.

»Oh, aber nein! Ich mache das sooooo gerne. Deshalb habe ich ja mit der Akademikerlaufbahn aufgehört, weißt du?! An der Uni dominiert ein oftmals verlogener, in Hierarchien und völlig überholten Regelwerken eingeengter Kosmos. Jedenfalls bei mir war es so. In der wissenschaftlichen Welt geht es oft zu wie in einem Kindergarten. Einem Kindergarten voll sozial gestörter, hochbegabter, karrieregeiler Erwachsener.«

Anni gab Champignons und eine in Scheiben geschnittene Süßkartoffel in die Pfanne. »Unter den Bio-Landwirten ist alles anders. Wenn wir eine Idee haben, dann schauen wir nach, ob das schon mal jemand probiert hat. Den kannst du anrufen. Der lädt dich ein. Der zeigt dir, wie er es umgesetzt hat. Wenn du eine Idee hast, die es noch nicht gab, und du rufst andere Biobauern an, sagen die nicht etwa: ›Das verstößt gegen das Regelwerk – das kann man so nicht machen.‹ Sie sagen: ›Hey, das klingt gut! Sagt Bescheid, wenn es geklappt hat.‹ Oder sie probieren es gleich selbst.«

Anni stellte mir einen Teller mit Spiegeleiern, Tomate, Pilzen, Veggiewürstchen, gebratenen Süßkartoffelscheiben und Bohnen in Tomatensoße mit den Worten hin: »Lass es dir schmecken.« Ich strahlte sie wohl sehr begeistert an, denn sie zog die Augenbrauen hoch und fragte: »Was ist?«

»Ich bin berührt von deiner Begeisterung. Du bist überhaupt nicht griesgrämig, weil das an der Uni so schlecht gelaufen ist …«

»Es ist ja nicht schlecht gelaufen. Ich war auf dem besten Weg zur festangestellten Dozentin. Da verdienst du wirklich gut. Außerdem fand ich ja auch nicht alle Kollegen doof. Doch mein Herz hatte etwas anderes vor.«

»Aber warum hast du das nicht gemacht: Professorin?!«

»Aus demselben Grund, aus dem du hier an der Nordseeküste gelandet bist, Tausendträumer: Ich war auf der Suche. Ich wollte etwas tun, was ich liebe. … Magst du die Würstchen?«

»Ich habe noch nie solche Veggiedinger gegessen … die hier schmecken erstaunlich gut. Schön scharf.«

Anni strahlte über beide Ohren. »Freut mich.«

»Und wie wusstest du, was genau du machen willst? Hat dein Herz gesagt: ›Werde Biobäuerin. Backe köstliche Apfelkuchen!‹?«

»Bei manchen Menschen läuft das so. Die haben einen

klaren Wunsch in ihrem Herzen. Dem folgen sie und damit werden sie glücklich. Aber nein, bei mir war es wie bei den meisten Tausendträumern, bevor sie erwachen: Du musst den Mut haben und dich auf die Suche begeben, ohne Ziel. Das Suchen ist das Ziel. Du musst Sachen ausprobieren und immer wieder hineinspüren, ob dich das glücklich macht. Wenn nicht, dann ist es eine hilfreiche Erfahrung. Wenn du glücklich bist, dann folge dem Glück. Vor allem aber: Überprüfe alle Regeln in deinem Leben. Alles, was du glaubst, was du tun musst. Insbesondere wenn diese Regeln dich blockieren. Womöglich sind es Blödeln. Wenn du erkennst, dass es Blödeln sind, dann lasse sie los. Überwinde sie. Sie behindern nicht nur dein Leben, sie blockieren die Evolution der Menschheit.«

›Was für eine starke Frau‹, dachte ich nur, während ich mir ein köstliches Stück Spiegelei in den Mund schob und meinen Blick über die vielen kleinen Gläser mit Gewürzen schweifen ließ, die auf einem Regal über der Küchenarbeitsfläche standen. Das imponierte mir gewaltig. Nicht die Gewürze. Der Mut, dem eigenen Herzen zu folgen. Eine vielversprechende Karriere sausen zu lassen, um Möhren anzubauen. Die Sache mit den Blödeln. Das war mir schon in der Schule so gegangen. Seit der Penne fragte ich mich mit jedem Jahr mehr, wozu ist das gut, was ich da auswendig lernen muss?

»Woran erkenne ich denn, dass es nur längst überholte Glaubenssätze sind, denen ich folge?«

»Blockierende Glaubenssätze kannst du im Grunde sehr einfach identifizieren. Frage dich bei all den Ideen und Überzeugungen, die dich selbst betreffen, ob sie dich stärken und fördern. Oder ob sie dich schlecht machen.«

»Ich halte mich für einen Loser«, sagte ich sofort.

»Warum hältst du dich für einen Loser?«

»Ich weiß nicht, was für einen Beruf ich erlernen soll oder will. Ich fange tausend Sachen an, bringe sie aber nie zu Ende.«

»Du hast fast zwei Wochen am Meer gesessen und meditiert. Hört sich für mich nicht nach einem Verlierer, sondern nach einem Helden an.«

Ich fiel auf ihre Schmeichelei nicht herein. »Ich war auf Visionssuche. Nicht mal das habe ich gescha…« – in diesem Augenblick erkannte ich es. Ich machte mich selbst schlecht.

»Du machst dich selbst vor dir schlecht«, nickte Anni. »Irgendwann hast du irgendwo in deiner Geschichte erzählt bekommen, wie man zu leben hat. Es war dann gar nicht nötig, dass andere dich herabgesetzt haben. Sie haben es nur verpasst, dich aufzubauen. Jetzt glaubst du, wer nicht macht, was und wie alle es machen, der ist ein Loser.« Sie schaute mich prüfend an.

»Fühlst du dich gut – so als Loser?«

Ich schüttelte den Kopf.

»Dann ist es eine Blödel. Auch der Einladung zum Nachmittagstee zu folgen war mutig. Zu bleiben ebenso.«

»Wer kann so eine Einladung zurückweisen?«

»Hamster! Fische im Strom. Menschen, die Angst vor Veränderung haben. Manche überwinden die Blödeln nur, um sich andere, genauso blöde Regeln zu ihren Göttern zu machen. Sie bauen sich ein neues Weltbild. Von dem weichen sie dann so wenig ab, wie ihre Eltern und Großeltern von den alten Blödeln.«

»Es ist nicht einfach, die eigenen Blödeln zu erkennen und zu überwinden.«

»Nein, ist es nicht«, nickte Anni nachdenklich und trank einen Schluck Tee. »Du musst dich selbst infrage stellen. Das mag dein Gehirn nicht. Du kannst es dir so vorstellen:

Deine Idee von dir selbst ist kein wolkiges Gebilde im luftleeren Raum. Es beruht auf Verknüpfungen von Nervenzellen in deinem Gehirn. Da sind organische, körperliche Installationen, die dir sagen, wer und was du bist. Ebenso gibt es für jede Regel in deinem Leben eine solche Installation.

Wenn du nun die Frage stellst, ob eine Regel wirklich gut für dich ist oder wer du bist und was du willst im Leben, dann musst du die Benutzung deiner vorhandenen Netzwerke hinterfragen.

Gleichzeitig inspiriere dein Gehirn dazu, neue Netzwerke aufzubauen. Die alten verschwinden nämlich nicht einfach. Du musst neue Netzwerke installieren, die es dir möglich machen, deinem Herzen zu folgen.«

»Aber wie hast du das geschafft? Wie konntest du dich dann von deinen Blödeln, diesen Neuroverknüpfungen, lösen? Wie konntest du die Vorstellung loslassen, mit zwei Doktortiten musst du auch von ihnen leben?« Wieder spürte ich meine Wangen glühen. Diese Anni konnte genauso gut erklären wie kochen. In diesem Augenblick war ich unglaublich stolz, weil sie mit mir redete. »Wann hast du bemerkt, dass du auf dem falschen Weg bist?«

»Es war nicht der falsche Weg. Es wäre nur falsch gewesen, ihn weiterzugehen, als ich festgestellt habe, dass ich unglücklich bin.

Für mich hat es eine Schlüsselbegegnung gegeben. Ich habe meine Frau Isabella kennengelernt und mich sofort in sie verliebt. Das hat meine ganze Welt erschüttert. Ich war verheiratet, hatte zwei fast erwachsene Kinder und Erfolg im Beruf. Meine Eltern waren auch an der Uni. Ihr höchstes Ziel war es, mich in einer Ehe mit Kindern unterzubringen und dass ich auch Karriere in der Wissenschaft mache. Ich sollte eine wirtschaftlich unabhängige Frau mit

Mann und Kindern werden. Und dann verknalle ich mich in eine Amazone. Aber der Sog war so gigantisch und Isabella lebte bereits als Traumtänzerin. Sie war bereits aus dem Hamsterrad ausgestiegen.«

»Traumtänzerin? Sie hat die Ausbildung bei Einstein auch gemacht?«

»Das Fach lehrt nicht nur Albert E.«

»Gibt es da einen offiziellen Lehrplan oder was?«

»Das nicht. Aber es gibt viele Tanzlehrer.«

»Oh!«, sagte ich nur. Im ersten Augenblick war ich etwas enttäuscht. Ich bildete mir damals ein, irgendwie einen ganz besonderen Status zu haben, so als Schüler des großen Meisters. Im nächsten Augenblick jedoch dachte ich: ›Das ist ja cool!‹ und fragte Anni: »Dann durchlaufe ich hier ein erprobtes Programm oder was?«

Anni zwinkerte mir zu. »Lass dich überraschen.«

So lief es in den kommenden Tagen und Wochen im Haus über dem Meer fast jeden Morgen. Ich bekam ein fantastisches Northumberland-Frühstück plus spannender Lektionen über Neurobiologie, Wahrnehmungspsychologie, Bio-Landwirtschaft und Beziehungen. Ja, Beziehungen. Anni liebte nämlich ihren Mann immer noch. Sie hatten sich in beiderseitigem Einverständnis getrennt, weil sie sich in ihren Bedürfnissen so weit voneinander entfernt hatten. Wann immer sie von ihm und ihrer gemeinsamen Zeit erzählte, hörte ich kein schlechtes Wort von ihr. Alles war geprägt von Respekt und Dankbarkeit für die guten Zeiten, die sie einst gehabt hatten. »Wir hatten keine richtig schlechten Zeiten. Wir haben uns einfach auseinander-entwickelt.«

So gewährte mir Anni tiefe Einblicke in ihre Ehen und auch das Miteinander in der Biohof-Community. Ich meine, zu der Zeit hat nie ein älterer Erwachsener mit mir über

Zweifel, Ängste, Sex in der Partnerschaft und all das Zeug gesprochen. Ich fand es jeden Morgen herrlich surreal. Da kochte eine von innen heraus leuchtende Frau mit solcher Begeisterung mein Frühstück und nährte gleichzeitig mein Gehirn mit Wissen darüber, warum wir Menschen das werden, was wir werden.

Schon bald hatte ich nicht den geringsten Zweifel, dass ich nicht nur einen Mentor, sondern auch eine Mentorin hatte. Mit der Nebenwirkung, dass ich bei ihren Lektionen an Gewicht zunahm. Anni lehrte mich unermüdlich mein Selbstbild, meine Glaubenssätze zu hinterfragen und zu prüfen, ob es womöglich Blödeln waren.

Sie war sozusagen ein Entblödelungstherapeutin.

Kapitel Zwölf

Von großen und kleinen Träumen

Wenn eine Idee am Anfang nicht absurd klingt, dann gibt es keine Hoffnung für sie.

Albert Einstein

Um Punkt 16.30 Uhr saß ich mit meinem ›Buch der 1000 Träume‹ in Einsteins Atelier. Der heutige Kuchen: Pfirsichsahnetorte. Dazu gab es ein wenig Small Talk.

Einstein wollte wissen, wie mir das Zimmer gefiel und was ich seit dem Treffen gestern gemacht hatte. Während wir plauderten, genossen wir den Tee und fielen beide hungrig über Annis Kuchen und die herzhaften Leckereien auf der Etagere her.

Als Einstein ein paar Sandwiches und ein Stück Erdbeersahnetorte gegessen hatte, sprang er auf und ging zu der großen Tafel an der Wand seines Ateliers. Sie war über und über mit Gleichungen, Zahlen und Notizen bedeckt. Einstein wischte alles mit einem feuchten Tuch weg. Ich fragte mich einen Augenblick entsetzt, ob er davon eine Abschrift hatte. »Das war die Abschrift«, rief er da durch den Raum. »Das Original ist hier gespeichert.« Er tippte sich an den Kopf.

Während er so putzte, fragte er, ohne mich anzuschauen: »Wie hat es sich angefühlt, all deine Träume, Wünsche und Ideen zu sammeln und aufzuschreiben?«

»Ich fand es überraschend. Als ich alle aufgeschrieben hatte, stellte sich so ein Gefühl der Klarheit ein.«

»Das berichten viele, die das machen. Das Traumsammeln verschafft uns erste Übersicht über unsere Wünsche. Übersicht bedeutet Kontrolle. Das menschliche Gehirn mag das Gefühl von Ohnmacht und Hilflosigkeit überhaupt nicht. Vor dem Aufschreiben ist da ein völlig unaufgeräumter Raum, wo alles kreuz und quer rumliegt. An ein Durchkommen ist kaum zu denken, bei so viel Chaos. Nach dem Aufschreiben ist es, als hättest du all das Zeug in Wandregale sortiert. Du kannst dich davorstellen und dir alles in Ruhe anschauen. Ganz ohne Chaos. Jedes Teil hat jetzt einen Namen.«

»Jeder Traum hat einen Namen. Das klingt gut.«

»Hast du zusätzliche Notizblöcke für deine tausend Träume gebraucht?«

Erwischt! »Tja, ähm, ja, also«, druckste ich herum. Waren ja bloß peinliche einhundertzweiundachtzig Träume. Inklusive Büchern. Sicher würde er mich auslachen.

»Kaum einer schafft über zweihundert Träume. Viele kaum mehr als einhundert. Wer mehr hat, der zählt Bücher, die er lesen, Sprachen, die er lernen, oder Länder, die er bereisen möchte, auf. Oder er listet detailliert die Einrichtung seines Traumhauses auf. Jedes Möbelstück. Bilder. Bettwäsche.«

Uih, da fiel mir ein Stein vom Herzen. Ich war gar kein Traumsammel-Loser. Dennoch gab ich kleinlaut zu: »Ich dachte, ich hätte viel viel mehr Träume …«

»Das denken alle, die ihre Träume nicht aufschreiben«, antwortete Einstein trocken. Da war keine Wertung drin. Es war einfach eine Feststellung.

»Wie kommt das?«, wollte ich wissen. »Ich hatte immer das Gefühl, dass ich unzählige Wünsche habe.«

»Das menschliche Gehirn ist so organisiert. Wenn wir uns auf unbekanntes Terrain wagen, dann wählen die meisten menschlichen Gehirne eine von zwei Optionen: Entweder sie machen die Aufgabe viel einfacher und kleiner, als sie tatsächlich ist …«

»Dazu gehöre ich ganz eindeutig nicht ...«

»Doch, doch!«, reagierte Einstein lächelnd und fuhr fort: »... oder sie überhöhen und verkomplizieren die Sache. Jeder Mensch macht beides.«

»Ich nicht! Ich mache alles komplizierter.«

»Dich einfach an einen Strand zu setzen und zu fasten, um eine Vision zu bekommen – das könnte man durchaus als Vereinfachen bezeichnen. Du dachtest, Visionssuche macht man mal eben so, oder?«

Erstaunlicherweise war mir diese Erkenntnis gar nicht peinlich. Ich hatte das Gefühl, mir selbst auf die Schliche gekommen zu sein. Ja, vielleicht konnte ich auch Sachen einfach auf die leichte Schulter nehmen. Die Vorstellung gefiel mir. Ich hielt mich nämlich für einen hoffnungslosen Grübelgram. »Und das machen alle Menschen?«

»Jedenfalls wenn sie es nicht anders gelernt haben. Im Fachjargon spricht man auch von unbewusster und bewusster Inkompetenz sowie unbewusster und bewusster Kompetenz.«

»Unbewusste Inkompetenz? Du meinst, wir denken, das ist alles easy-peasy, das mache ich mit links?«

»Einmal so. Oder aber wir denken, nur ein Experte kann es richtig gut. Wir überhöhen es. So sehr, dass wir uns oftmals nicht trauen, es auszuprobieren. Oder aber wir denken ›Das kann ich auch selbst‹ und stellen nach einer Weile fest ›Ups! Da ist mehr dahinter, als ich dachte.‹«

»Ja, stimmt doch auch. Ich selbst habe zwei linke Hände. Mein Motorrad habe ich einmal auseinander- und wieder zusammengeschraubt. Danach hatte ich drei Schrauben übrig und keine Ahnung, wo die hingehörten. Gott sei Dank fuhr es trotzdem.«

Einstein gluckste amüsiert: »Da hast du dich von der Phase der *un*bewussten Inkompetenz zur Phase der *be-*

wussten Inkompetenz bewegt. In Bezug auf dein Leben und deine Träume warst du gestern Morgen am Strand bereits in der Phase der bewussten Inkompetenz.«

»Weil ich erkannt habe, dass es ganz schön kompliziert sein kann, erfolgreiche Visionssuchen durchzuführen?«

»Sehr gut! Jetzt absolvierst du deine Ausbildung bei mir. Damit kommst du in die Phase der unbewussten *Kompetenz*. Du weißt bald schon viel über das Umsetzen von Träumen, denkst aber, du kannst es noch nicht wirklich.«

»Und wann denke ich, dass ich es kann?«

»Wenn du es oft genug gemacht hast. Dann wird es zu einer *bewussten* Kompetenz. Das ist die letzte Phase im Kompetenzprozess.«

»Bis dahin schaffe ich es bestimmt nie!«

Einstein kniff die Augen zusammen und blickte mich streng an. Dann nahm er sich ein Sandwich, biss hinein und schüttelte den Kopf. »Manche Menschen bestehen darauf, in ihren Blödeln zu verharren. Obwohl sie etwas gut oder sehr gut können, denken sie, sie seien nicht gut genug. Ihre Selbstwahrnehmung hat nichts mit der Realität zu tun. Sie beruht auf Glaubenssätzen.«

»Ist es nicht einfach Bescheidenheit, sich nicht zu viel auf sein Können einzubilden?«

»Hihihi«, kicherte Einstein. »Sprache ist etwas Herrliches. Wenn du dir etwas auf dein Können einbildest, dann ist da gar kein Können, sondern nur die Idee, du könntest es. Echtes Selbstbewusstsein weiß genau, was es kann oder nicht. Weder bildet es sich etwas ein, noch bläst es sich über die Maßen auf.«

Uff, das war ganz schön hoch. Ich wusste nicht so richtig, ob ich da noch mitkam. Einstein sah meine Verwirrung und half mir über den Augenblick: »Das ist alles graue Theorie. Arbeiten wir daran, dich weiterzubringen.

Du willst ja lernen, wie du deine Träume Wirklichkeit werden lässt.«

»Und jetzt weiß ich, dass ich nur einhundertzweiundachtzig Träume habe – aufgehübscht mit siebenundzwanzig Büchern«, fügte ich bedröppelt hinzu.

»Also erst einmal ist das einiges an Träumen. Zum Zweiten sind das die Träume, die du gestern und heute gesammelt hast. Mit den Jahren werden viele andere Träume hinzukommen. Manch ein Traum wird wieder gehen, weil du ihn gar nicht mehr benötigst. … Magst du mir deine einhundertzweiundachtzig Träume und Wünsche vorlesen?«

»Wie? Echt alle?« Ich sollte alles, was ich mir träumte, öffentlich machen?

»Ja, klar, wieso nicht?«

»Sind auch unwichtige Sachen dabei.«

»Das wage ich zu bezweifeln. Wenn sie unwichtig wären, warum sollte dein Herz deinem Gehirn erzählen, dass du sie in ein Buch schreiben sollst?«

»Keine Ahnung. Weil es dumm ist?«, nuschelte ich.

»Obacht Tausendträumer. Das war einer deiner Glaubenssätze: Ich bin dumm. Ich bin ein Loser. Ich bekomme nichts hin. Hast einem alten Menschen an seinem letzten klaren Abend die Erlösung gebracht. Hast dich auf die Heldenreise begeben. Hast mich am Strand nicht weggejagt.«

Ich hielt im Kauen eines Tomatensandwiches inne. Das hörte sich alles viel toller an, als ich mich fühlte. Heute weiß ich, Millionen Menschen praktizieren diese Blödel ebenso wie ich: sich selbst kleinreden. Warum tun wir das?

»Das Herz kennt kein Dumm oder Klug. Es ist rein. Es hat ein Gefühl. Es möchte, dass wir das Gefühl wahrnehmen. Deshalb produziert es das Gefühl. Das ist Physiologie und Psychologie. Richtig und falsch sind *unsere* Bewertungen. Geprägt von unserer Erziehung, der Gesellschaft und archaischen Stammhirnfunktionen.« Der haute solche Sätze raus und mir glühten nur die Ohren. »Dein Herz hat nur ein Interesse: Es soll dir gut gehen. Wenn es dir Träume sendet, dann, weil es will, dass du zuhörst.«

»Okay, ich lese alle meine Träume vor. Aber nicht lachen.« In diesem Augenblick klatschte ein Kreidestift an meine Brust. Der Typ hatte mit Kreide nach mir geworfen. »Hörst du mal damit auf, dich für Sachen zu entschuldigen, die so natürlich sind wie der Drang, aufs Klo zu gehen!?«

»Soll ich meine Träume und Wünsche in irgendeiner Ordnung vortragen?«

»Einfach so, wie du sie aufgeschrieben hast. Von eins bis einhundertzweiundachtzig.«

In den folgenden vielleicht dreißig Minuten las ich jeweils einen Wunsch vor, woraufhin Einstein ihn an die Tafel schrieb. Dabei notierte er manche Wünsche ins linke, manche ins rechte Feld und andere in die Mitte. Erst rätselte ich, was die Aufteilung bedeutete. Nachdem ungefähr ein Drittel meiner Träume über alle drei Spalten verteilt waren, wurde mir klar, dass er die Wünsche in kleinere, mittlere und größere Wünsche unterteilte. Links die einfachen. In die Mitte und ins rechte Feld kamen deutlich komplexere oder kompliziertere Wünsche.

Ein- oder zweimal hielt Einstein inne, bevor er den Traum auf die Tafel schrieb, und kommentierte: »Die Zuordnung kannst du später noch ändern. Sie ist erst einmal provisorisch.«

Schließlich war die Tafel voll mit meinen Wünschen und Träumen.

Sah irgendwie schön aus. Oder furchterregend. Mein Gefühl wechselte ungefähr einhundertzweiundachtzigmal zwischen beiden Extremen hin und her. Am Ende standen auf der linken Seite vielleicht siebzig Wünsche. Auf der rechten Seite waren es dreiundzwanzig. In der Mitte alle anderen.

»Prima. Das haben wir gut gemacht«, strahlte Einstein mich an, kam wieder zum Teetisch und nahm sich eine gefüllte Teigtasche.

»Komische Träume, oder?«, fragte ich.

»Findest du?«

»Ich weiß nicht ...«

»Und wieso nennst du sie dann komische Träume?«

Ich schaute ihn hilflos an.

»Wenn du drei eigene Kinder hättest, eines würde Quantenphysiker, eines Bäcker und das dritte Bundeskanzlerin werden wollen, würdest du sie mit: ›Das sind meine komischen Kinder‹ vorstellen? Würdest du das?«

»Meine eigenen Kinder würde ich über alles lieben, sogar wenn sie blöd wären.«

»An der Tafel stehen die Namen von einhundertzweiundachtzig Kindern. Sind alles deine. Keines ist komisch. Keines blöd. Kein Kind der Welt ist komisch. Und kein Traum der Welt von keinem Menschen.«

»Findest du es nicht schräg, wenn ich ›Geisterbahn fahren‹ als Wunsch habe? Ich bin vierundzwanzig Jahre alt.«

»Was interessiert dich, was *ich* von deinen Träumen halte? Das sind *deine* Kinder.«

»Ja, aber, die Welt retten und Geisterbahn fahren, ist das nicht absurd?«

»Da! Du machst es schon wieder!«, herrschte mich mein Mentor plötzlich so laut an, dass ich mich richtiggehend erschreckte. »Hör damit auf, alles, was du sagst und denkst und fühlst, gleich zu bewerten. Was ist denn in deinen Augen komisch an den Wünschen, die Welt retten oder Geisterbahn fahren zu wollen? Ich bin verrückt danach, Himbeereis zu essen, und gleichzeitig arbeite ich daran, dass keine Kinder mehr verhungern auf dieser Welt. Das sind nämlich zwei *meiner* Träume.«

Da wusste ich keine Antwort und zuckte mit den Schultern. Einstein wünschte sich Himbeereis und den Hunger zu beenden. Das Genie hatte also auch so lächerliche Wün… – ich ertappte mich. Was war lächerlich am Wunsch nach Himbeereis?

Mein Lehrer grinste. »Du musst wissen, das ist nicht irgendein Himbeereis. Im Lake District gibt es eine Eisdiele, die ich noch nicht besucht habe. Anni hat mir erzählt die hätten das himbeerigste Himbeereis ever. Na ja und Himbeereis ist mein Lieblingseis.« Das war süß. Einstein träumte von Himbeereis. »Fast jeder Mensch hat kleine Genusswünsche und die Sehnsucht nach einer besseren Welt. Jedenfalls jeder seelisch halbwegs Gesunde. Wir sind Menschen. Wir mögen es nicht, wenn wir Himbeereis genießen, während andere verhungern.«

»Ich habe den Eindruck, die Menschen interessieren sich nur für sich selbst und ihren Vorteil.«

»Ich denke, da liegst du falsch. Viele halten nur den Schmerz ihrer Hilflosigkeit nicht aus. Sie haben die Glaubenssätze übernommen, an verhungernden Kindern lasse sich nicht wirklich etwas ändern. Außer vielleicht, man spendet gelegentlich oder regelmäßig etwas Geld. Wir haben uns erfolgreich erzählen lassen, dass Kriege, Hunger und Leid eben zur Menschheit dazu gehören.«

»Du bist anderer Meinung?«

»Die Daten sind anderer Meinung. Den aktuellsten Entwicklungen nach werden wir in dreißig Jahren viel weniger Hunger, viel weniger Tote durch Gewalt und viel mehr Kinder mit Zugang zu einer Grundschulbildung haben. Ebenso wie Zugang zu sauberem Wasser. Also ja! Weil Menschen den Mut haben, zu träumen, und dann versuchen, ihre Träume umzusetzen, werden wir das Leid auf der Welt bis Mitte des nächsten Jahrhunderts auf ein natürliches Minimum reduziert haben.«

»Dann träume ich weiter davon, die Welt zu retten!«

»Guter Traum. Gute Vorlage für einen wirklich wilden Tanz!« Einstein warf den Tafelstift in die Höhe, drehte sich einmal um sich selbst und fing ihn wieder auf.

Ich schaute auf das Board: »Aber dann schäme ich mich, wenn ich mir wünsche, alle Lucky-Luke-Comics haben zu wollen. Einmal die Welt retten. Und dann so etwas Selbstsüchtiges.«

»Wie du denken viele Menschen. Calvinistisch geprägte Blödeln. Arbeite und bete. Meiner Erfahrung nach braucht das Gehirn für wirklich gute Ideen, zum Beispiel dafür, wie du dazu beitragen kannst, die Welt zu retten, ganz viel Entspannung. Außerdem noch Inspiration. Pausen. Kreativität. Und Humor. All diese Dinge führen zur Aktivierung und Etablierung neuronaler Netzwerke. Gut möglich, dass dir beim Comic-Lesen ein Gedanke kommt, der die Menschheit weiterbringt. Außerdem rettet Lucky Luke doch ständig Leute, oder?!«

Fasziniert lauschte ich Einsteins Worten. Vor meinem geistigen Auge sah ich mich Comics lesen und nebenbei Notizen für die Entwicklung eines schadstofffreien Antriebs auf Basis von Kartoffelschalen aufschreiben.

Einstein nickte: »Mir kommen viele Ideen beim Spazierengehen. Beim guten Essen. Einem Whisky und feinen Toffees vor dem Kamin. Bei einem guten Gespräch …«

In diesem Augenblick erstarrte er in der Bewegung. Dann flitzte er zu seinem Schreibtisch, griff sich einen Stift und notierte etwas in ein Buch.

»… da war gerade eine Idee. Vielleicht Blödsinn. Vielleicht etwas, was mich den Hebel finden lässt.«

»Ist jetzt nicht dein Ernst?!«

»Es ist mir immer Ernst – außer wenn ich scherze.« Er wackelte belustigt mit seinem Schnauzbart hin und her. »Merke dir: Jeder Gedanke, jedes Bild, jeder Impuls darf wahrgenommen werden. Bewerte sie nicht. Mach dir einfach nur eine Notiz. Eine Skizze. Wenn dein Unterbewusstsein, dein Herz, wenn die sich ernst genommen fühlen, dann fangen sie an mit deinen Träumen zu tanzen. Dann trainierst du deinen Traummuskel.«

Kapitel Dreizehn

Das Traummuskel-Training

**Keine Zukunft vermag gut zu machen,
was du in der Gegenwart versäumst.**

Albert Schweitzer

»Und was machen wir jetzt mit all meinen einhundertzweiundachtzig Kindern?«

Einstein wackelte belustigt mit dem Kopf: »Wir müssen *uns* erziehen!«

»Was? Wir müssen *uns* erziehen? Nicht die Kinder?«

»Geeeeenau!« Einstein zeigte mit fröhlicher Miene und ausgestrecktem Finger auf mich. »Du musst lernen, ein guter Vater und eine gute Mutter für deine Kinder zu sein. Der Rest erledigt sich dann von selbst. Fast jedenfalls.«

»Und das geht wie?«

»Du nimmst dir einen von deinen leichteren Träumen. Komm, wähle dir einfach einen aus. Nicht lange nachdenken. Schau auf die Tafel und wähle einen.«

Ich schaute auf die Tafel.

Mein Blick blieb an meinem Traum ›Reise für Oma und Opa organisieren‹ hängen. Keine Ahnung warum dieser Wunsch – war halt so. »Ich wollte mich schon immer einmal bei meinen Großeltern bedanken für alles, was sie für mich getan haben, und ihnen eine kleine Reise schenken.«

»Okay. Erzähl mir mehr. Was hast du da genau vor?«

»Na, ich weiß, dass sie als junge Leute mal am Starnberger See waren. Sie reden immer mal wieder davon, dass sie gerne noch einmal dorthin fahren würden. Sie bekommen so eine Reise aber nicht mehr selber organisiert.«

»Dein Wunsch ist also, deinen Großeltern eine Reise an den Starnberger See zu schenken? Und diese Reise auch zu organisieren?«

»Ja, mit Kutschfahrt, Kaffee und Kuchen, Kirchenbesichtigung und Einkaufsbummel für Oma, Naturerfahrungen für Opa. So eine Tour würden sie lieben.«

»Warum machst du es nicht einfach?«

Ich schaute Einstein erstaunt an. Was für eine Frage! Irgendwie unverschämt. Er hakte nach: »Wie alt sind deine Großeltern?«

»Deutlich über siebzig.«

»Dann hast du nicht mehr ewig Zeit. Alte Menschen sterben irgendwann. Oder werden so krank, dass Reisen nicht mehr möglich sind.«

›Ja und?‹, dachte ich. Und wie soll mir diese Info helfen, meinen Wunsch zu erfüllen?

»Dieser Traum ist nicht ganz einfach umzusetzen, er ist aber auch nicht sonderlich schwer«, begann Einstein.

»Woran machst du das fest?«, wollte ich genauer wissen.

»Wenn du nur eine oder zwei Handlungsstufen benötigst, um einen Traum Wirklichkeit werden zu lassen, ist es einfach. Sind es mehr als zwei Stufen, aber weniger als, naja, vielleicht so acht bis zehn Stufen, dann ist er irgendwo dazwischen. Es kommt immer darauf an, wie hoch eine Stufe ist. Einen Termin mit dem Papst zu bekommen wäre eine hohe Stufe. Dagegen nach Rom zu fliegen, um den Termin wahrzunehmen – das wäre im Vergleich keine hohe Stufe.«

»Okay, das verstehe ich. Den Papst würde Oma gerne treffen. Das überfordert allerdings meine Möglichkeiten. Den bekomme ich nicht an den Starnberger See.«

Mein Mentor ließ meinen Scherz unkommentiert und lief aus dem Atelier. Nach wenigen Sekunden kam er mit einem Notizblock zurück. »Für die Planungsphase würde ich das Traumbuch nicht einsetzen. Besser sind da diese Zettel, schau mal, haben wir extra gemacht.« Er reichte mir einen Notizblock. Da stand tatsächlich oben auf jede Seite gedruckt: ›Viel Spaß beim Planen, Tausendträumer.‹

»Schreibe oben auf die Seite deinen Traum. Und nicht als ›Ich *würde gerne* mit Oma und Opa‹, sondern einfach: ›Mit Oma und Opa zum Starnberger See.‹«

Ich schaute ihn an. »Jetzt!«, herrschte er mich an.

Ich schrieb es hin.

»Jetzt überlegen wir gemeinsam, welche Schritte notwendig sind, damit dein Traum in Erfüllung geht. Was fällt dir spontan ein?«

Spontan hatte ich erst einmal gar keine Idee. »Keine Ahnung. Ich muss ein passendes Hotel finden?«

»Das ist nicht ›keine Ahnung‹. Das ist einer der Schritte zur Traumerfüllung. Schreibe auf deinen Block ›Hotel am Starnberger See finden‹. Was musst du noch tun?«

»Keine Ahnung. Ich muss natürlich einen Termin finden, wo Oma, Opa und ich gemeinsam können, ich will sie ja hinfahren.«

»Wie machst du das?«

»Wie? Wie mache ich das?«

»Na, einen gemeinsamen Termin finden?«

»Na, ich muss mit ihnen sprechen und sie fragen.«

»Also schreib auf: ›Mit Oma und Opa sprechen, um einen Termin zu finden.‹«

»Was ist das Letzte, was du tun musst, um diesen Traum zu erfüllen?«

»Keine Ahnung, ich müsste Oma und Opa ins Auto packen und losfahren.«

»Gut. Aufschreiben. Nur das mit ›keine Ahnung‹ kannst du weglassen.«

Brav schrieb ich auf, wie der Meister es mir befohlen hatte. Schon wieder stellte ich fest, dass ich dabei ziemlich viel Freude empfand.

»Wunderbar. Jetzt haben wir drei Punkte auf deinem Zettel. Was wäre denn der allererste Schritt? Willst du es deinen Großeltern sofort sagen oder willst du vorher schon alles arrangiert haben und sie überraschen?«

»Überraschen!«

»Dann musst du das Hotel vorher aussuchen. Wie könnte das gehen?«

»Ich müsste viele Hotels anschreiben und sie bitten, mir ihre Prospekte zu schicken, damit ich ein passendes raussuchen kann.«

»Uuh, nein, zu langsam. Klar, so würde es schon klappen, aber du sollst versuchen, den Traum schnell und zielstrebig umzusetzen. Bis zum Nachmittagstee morgen sollte alles umgesetzt sein bis auf die eigentliche Reise.«

»Was!?«, schnappte ich nach Luft. »Wie soll das denn gehen?«

»Mit Nachdenken und Liebe. Liebe ist dein Motor, denn du willst deine Großeltern und dich glücklich machen. Mit Nachdenken kommst du weiter. Also, wie geht es schneller?«

»Keine Ah...«, ich stoppte, weil Einstein mir mit erhobenem Zeigefinger eine finstere Miene machte. »Wenn du andere Menschen in dein Traummuskeltraining einschließt, dann dürfen sie beliebige Ideen äußern. Mit einer Auflage: Die Idee muss dazu dienen, deinen Traum voranzubringen. Zweifel, Geknötter, Kritik oder Lustigmachen sind absolut verboten. Das fällt vielen Menschen schwer, aber wenn sie einmal begriffen haben, worum es geht, dann haben sie Spaß dabei. Es tut nämlich gut, konstruktiv statt destruktiv zu denken.«

Ich blickte Einstein groß an: »Jetzt habe ich aber wirklich keine Ahnung!«, flüsterte ich.

Mein Mentor nickte. Dann dachte er einen Augenblick nach: »Du rufst die Fremdenverkehrszentrale am Starnberger See an. Schreib das auf!« – Ich schrieb. – »Dazu musst du bei der Auskunft die Nummer der Zentrale erfragen. Das ist ein Schritt vorher. Aufschreiben!«

Ich schrieb auf: Auskunft anrufen: Nummer Fremdenverkehrszentrale erfragen. Dann dachte ich: ›Hey, die könnten mir doch eigentlich gleich passende Hotels empfehlen, wenn ich erzähle, was ich suche. Dann spare ich mir viele Anrufe.‹ Ich erzählte Einstein von meinem Einfall.

»Gut! Gut! Dann sparst du dir auch Anrufe bei Hotels, die zu teuer sind.«

Mann, die Session machte echt Spaß. Mein Traum wurde immer konkreter. Mit jeder Idee von Einstein kamen mir ebenfalls neue Ideen. Schließlich sagte er: »Ich denke, jetzt haben wir es. Jetzt musst du noch alle Schritte in eine chronologische Reihenfolge bringen. Am besten du nummerierst sie zuerst durch, so wie sie da durcheinander auf deinem Block stehen. Ich esse derweil, hmm, ein weiteres Stück Torte? Ach, lieber etwas Herzhaftes.« Er griff sich ein gefülltes Gemüseteigtäschchen.

Das war jetzt im Grunde ganz einfach:

1. Anruf Auskunft: Nummer Fremdenverkehrsbüro.
2. Anruf Fremdenverkehrszentrale und nach passenden Hotels für meine Bedürfnisse fragen.
3. Anrufe Hotels, die in Betracht kommen. Verfügbarkeit und Angebote erfragen. Termin voranfragen.
4. Hotel auswählen.
5. Großeltern anrufen. Das Geschenk machen. Gemeinsam Termin absprechen.

6. Termin beim Hotel bestätigen.
7. Zum Termin die Großeltern zum Starnberger See fahren.

»Gute Idee, alle Schritte aufzuschreiben, die getan werden müssen.« Ich blickte auf meine Auflistung. »Das mache ich irgendwann.«

»Wieso irgendwann?«

»Na ja, von hier aus ist das schwer!«

»Meinst du? Was wäre, wenn ein Großelternteil – Gott bewahre – diesen Sommer stirbt?«

Ich schaute erschrocken zu Einstein auf. »Dann würde ich am Ende meines Lebens, egal wie erfolgreich es wäre, sicher denken: ›Oma und Opa zu danken, die Traumumsetzung habe ich verpatzt!‹«

»Menschen sterben. Alte Menschen mit höherer Wahrscheinlichkeit. Wenn du zu lange wartest, dann kann es dir passieren, dass du dir diesen Wunsch eines Tages wirst nicht mehr erfüllen können. Du kannst auch morgen früh ausrutschen und dir an den Klippen den Hals brechen. Dein letzter Gedanke?«

»Mist! Den Traum mit Oma und Opa haste verbockt!«

»Na dann: warum warten? Wenn es um andere Menschen und Gesten der Zuneigung und des Dankes geht, kann ich nur empfehlen: Tue es sofort. Das war ja Sinn dieser Übung.

Hier ist deine Hausaufgabe: Bis morgen hast du bis auf Punkt sieben alles unter Dach und Fach.« Der Alte zeigte auf den Block. Die Reihenfolge schreibst du jetzt in dein Traumbuch. Dann arbeitest du sie ab. Sind nur sieben kleine Schritte. Kein Zauberwerk. Müssen nur getan werden.«

Ich schaute Einstein verlegen an: »Das klingt ziemlich einfach. Wieso bin ich da nicht selber draufgekommen?«

»Das sind immerhin sieben Schritte. Ohne das aufzuschreiben, zu strukturieren und zu planen oder ohne Hilfe eines Mentors nimmt das Gehirn nur wahr: Da ist *einiges* zu tun. Und weil das Gehirn ungern mehr denkt als zwingend notwendig, flüstert es dir zu ›Da kümmern wir uns *irgendwann* einmal drum.‹«

Das klang alles so simpel und logisch. Trotzdem schwirrte mir der Kopf. Aus einem Traum, einem Problemklotz war nun eine eigentlich einfache Abfolge von Schritten geworden. Was meinen Kopf zum Schwirren brachte, war die Erkenntnis: Da war überhaupt kein Problem, wo ich früher einen ganzen Berg an Herausforderungen gesehen hatte.

»Das mit dem Aufschreiben ist ein wirkungsvoller Trick zur Traumumsetzung. So gewinnst du Übersicht und Kontrolle. Bei manchen Träumen und Ideen sind Helfer wirklich sinnvoll. Es müssen Menschen sein, die uns unsere Wünsche nicht ausreden wollen. Das ist wichtig! Freunde oder Verwandte, die uns unterstützen. Oder ein Mentor. Ein Coach, Therapeut oder Physiker.« Einstein grinste mich breit an.

»Okay, du hast recht! Da kümmere ich mich bald drum!«

»Bald?«, hakte er nach. »Nicht bald. Tu es oder lass es bleiben. Bis morgen! Sonst gibt es keine neue Lektion.« Er machte eine kurze Pause, grinste und fügte hinzu: »Und keinen Kuchen von Anni. Kuchenentzug motiviert dich vielleicht mehr.«

In diesem Augenblick rief die Kuckucksuhr die volle Stunde aus. Einstein erhob sich augenblicklich. »Die Freude ruft! Unsere Zeit ist um. Hier sind deine Hausaufgaben: Du darfst unser Telefon benutzen. Morgen putzen wir den Wunsch mit deinen Großeltern von der Tafel, okay?!«

Ich nickte langsam mit dem Kopf. Müsste ich ja irgendwie hinbekommen mit dem Sieben-Schritte-Plan.

»Außerdem suchst du dir bitte einen weiteren Traum von den einfachen Träumen. Schreib ihn zuerst auf einen Zettel. Darunter schreibst du alles, was dir zum Thema einfällt oder wie du den Wunsch erfüllst. Wenn du alle Schritte hast, übertrage sie in chronologischer Reihenfolge in dein Traumbuch.«

»Egal welchen Traum?«

»Wähle solche, bei denen du dir binnen eines Tages – also bis zum Nachmittagstee morgen – vorstellen kannst, sie so weit durchzuplanen, dass du sie umsetzen kannst.«

Ich schaute auf die Tafel und überlegte, was ich am liebsten tun würde und wo mir spontan etwas dazu einfallen könnte. In diesem Moment betrat Anni den Raum und begann ohne Kommentar das Geschirr abzuräumen. Einstein war schon wieder an seinem Schreibtisch: »Danke für deine Aufmerksamkeit und Mitarbeit, Tausendträumer. Ich wünsche dir einen schönen Abend. Wir sehen uns morgen zum Nachmittagstee.«

Der Typ zog seinen Zeitplan präzise durch. Einen Augenblick überlegte ich wieder, ob ich beleidigt sein sollte, weil er mich einfach rauswarf. Aber dann überwog doch mein Gefühl des Respektes und der Bewunderung. Der Mann wusste einfach, was er wollte.

»Ich bin dir wirklich dankbar.« Ich verneigte mich ein wenig und legte meine Hand auf mein Herz. »Danke für deine Zeit und Erfahrung.« Und zu Anni gewandt: »Und dir für deine Köstlichkeiten und den Service.«

Wie aus einem Mund riefen beide »You are welcome!«, was ins Deutsche übertragen so viel wie ›Wir machen das gerne!‹ oder ›Nichts zu danken‹ oder eben ›Du bist willkommen‹ heißt.

Ich half Anni dann noch ein wenig in der Küche mit dem Abwasch und erzählte ihr von meinen heutigen Lektionen.

Als sie von meinen geplanten sieben Schritten hörte, sagte sie gleich: »Du, der Bertold, mein Kollege vom Biohof, der kommt aus Bayern. Wenn du willst, ruf ich ihn gerade mal an. Vielleicht hat er ja einen Tipp. Kümmerst du dich solange ums Geschirr?« Sie wartete meine Antwort gar nicht ab, sondern verschwand in den Flur zum Telefon. Wenige Minuten später hielt sie mir einen Notizzettel hin.

»Das ist die Nummer einer Privatpension. Ganz familiär, berühmt für ihr Frühstück. Mit Blick auf den Starnberger See. Bertold meint, die hätten auch immer gute Ausflugstipps. Falls das was für dich und deine Oma und deinen Opa ist, kannst du ja mal anrufen.«

»Das gibt es doch nicht, was ist das denn für ein Zufall? Das hört sich echt perfekt an.«

»Klar fällt einem so etwas zu. Das ist Teil der Methode.«

»Wie, Teil der Methode?« Ich verstand nicht.

»Na, wenn du einen Traum vielen Menschen erzählst, dann wirst du rasch bemerken, wie schnell du interessante Tipps, Kontakte, Hilfestellungen oder Ideen bekommst. Es ist nur wichtig, dass sie keine Blockierer sind.«

»Blockierer?«

»Ja. Das sind Menschen, die immer Argumente haben, warum du etwas *nicht* tun solltest. Die musst du meiden. Am einfachsten geht es echt mit Leuten, die du gar nicht groß kennst. Ich frage dann immer alle, die mir über den Weg laufen: ›Kennen Sie zufällig jemanden, der sich mit diesem Thema auskennt? Ich bräuchte da mal einen Tipp.‹ Dann bekommst du nicht selten Antworten wie: ›Ich nicht, aber meine Schwester hat einen Freund, der hat einen Bruder, der könnte dir da vielleicht helfen.‹«

»Ach komm!«

»Probier es aus. Und lass dich nicht stoppen, wenn es bei den Ersten nicht klappt. Wir haben so den Hof gefunden.«

»Euren Biohof?«

»Jaja! Wir waren auf einem Vortrag bei Barbara – die lernst du vermutlich nächste Woche Samstag kennen – und sie fragte uns nach unseren größten Träumen. Da sind Isabella und ich aufgestanden und haben gesagt, dass wir vielleicht gerne einen Bauernhof pachten oder kaufen würden. Sofort lachte einer der vielleicht einhundertundzwanzig Zuhörer im Raum auf. Er rief durch den Saal, er kenne ein altes Paar, die wollten sich zur Ruhe setzen und ihren Hof abgeben.«

»Das gibt es doch nicht!«

»Doch, doch! Ich meine: Wie wahrscheinlich ist es, dass du mir deine Großeltern-Geschichte erzählst und ich jemanden kenne, der schon einmal dort war? Vielleicht wärt ihr auch lieber in ein Hotel gegangen und eine Pension wäre nicht infrage gekommen. Vielleicht sind sie ja auch ausgebucht oder es gibt die Pension gar nicht mehr.«

»Nein, Pension ist super. Meine Großeltern haben es gerne etwas intimer.« Ich schaute auf den Zettel mit der Telefonnummer. »Ich werde da gleich nach dem Kücheaufräumen anrufen.«

Das tat ich dann auch.

Die Dame am anderen Ende war wirklich freundlich. Also machte ich direkt eine Vorreservierung. Sie war total begeistert, weil ich meinen Großeltern so etwas Tolles schenken wollte. Als sie von Opas Angelleidenschaft und Omas Interesse für Kirchen erfuhr, schlug sie sogleich vor, den Opa doch mit ihrem Mann zum Angeln zu schicken. Sie sei außerdem mit dem Vikar verwandt, da ließe sich sicher eine Kirchenführung arrangieren.

Es waren dann nur drei Telefonate notwendig.

Ich reservierte die beiden Zimmer für den August. Dann rief ich bei meinen Großeltern an. Ich bat sie, den Lautsprecher anzustellen, damit mich beide hören konnten.

»Is' was passiert?«, fragte Opa besorgt.

Ich habe dann erzählt, wie sehr ich sie liebe und wie dankbar ich ihnen für alles bin, was sie für mich getan haben. Und dass ich mich bedanken wollte.

»Du musst uns rein gar nichts schenken!«, protestierten die beiden sofort. Mir war klar gewesen, dass so etwas kommen würde. Als ich dann erzählte, was ich ihnen schenken wollte, herrschte am anderen Ende erst einmal Stille. Dann kam natürlich und wie erwartet: »Aber das ist viel zu teuer. Das Geld nimmste mal besser für dich selbst, du brauchst es doch.«

»Ihr würdet mir, nur wenn ihr Freude daran hättet, einen Herzenswunsch erfüllen. Ihr habt so oft vom Starnberger See erzählt und ich bin neugierig. Ich würde diese Reise nur machen, wenn ihr mitkommt, sonst fühlt es sich nicht gut an.«

Dann hörte ich Oma schluchzen und Opa fragte: »Junge, kannst du dir das denn wirklich leisten?« Ich spürte, wie sehr sie sich freuten. »Oma, Opa, wisst ihr was? Ich will das. Macht euch mal keinen Gedanken ums Geld, das ist gar kein Ding.«

Zehn Minuten später bestätigte ich die Reservierung in der Pension. Anschließend saß ich eine Weile neben dem Sideboard und starrte auf das Telefon. Die Aktion hatte keine dreißig Minuten gedauert. Anni guckte um die Ecke: »Es ist so still hier. Ist alles okay?«

Ich schaute sie an: »Ich laufe seit drei Jahren mit dieser Idee rum. Jetzt ging es zack-zack!«

»Eine gute Idee, ein großer Traum warten auch zehn oder fünfzig Jahre«, sagte Anni während sie wieder in die Küche zurückging. Dann hörte ich sie mit Töpfen klappern und laut rufen: »Wenn es um die Liebe geht, solltest du besser nicht warten. Menschen sterben und haben ihren Liebsten nie gesagt, was sie ihnen bedeuten.«

Ich hatte das Gefühl, einen Zentimeter gewachsen zu sein. Ich hatte alles in die Wege geleitet, damit dieser Traum in Erfüllung ging. Und es war im Grund supereinfach gewesen. Es fühlte sich an, als hätte ich einen schlafenden Muskel geweckt und erstmals benutzt. Einen Traummuskel. Das Gefühl war so schön und machte mir so einen Mut, dass ich zum nächsten Treffen mit Einstein zwei weitere Träume umgesetzt hatte. Einen von meiner Traumliste und einen, der mir spontan neu in den Sinn gekommen war.

Was waren das für Leute hier?
Und was machten die mit mir?

Kapitel Vierzehn

Die verloren geglaubten Träume

Jeder, den du kennst, kämpft in einer Schlacht, von der du nichts weißt. Sei nett. Immer.

Robin Williams

Als ich am nächsten Morgen mein üppiges Frühstück genoss und mit Anni ein wenig durch die Neuropsychologie surfte, läutete die Türglocke. »Oh, das wird meine Wonder Woman sein«, sagte Anni im Herausgehen. »Dann lernst du mal meine bessere Hälfte kennen.«

Zurück kam sie mit ... tja, wie soll ich diese Frau beschreiben? Wenn Anni eine Sonne war, dann war Isabella eine Mondin. Fast einen Kopf größer als Anni, mit kurzen schwarzen Haaren und der Ausstrahlung einer Ninja-Kriegerin. Sie bewegte sich nicht, sie floss in den Raum. Was für eine Aura.

»Das ist David, der Tausendträumer, von dem ich dir erzählt habe. David … meine Frau Isabella.«

Isabella schaute mich ohne eine Miene zu verziehen an und hielt mir ihre Faust hin: »Anni mag dich.« Ich stupste mit meiner Faust an ihre. »Also mag ich dich auch.« Das sagte sie, ohne auch nur mit der Wimper zu zucken.

Im ersten Augenblick dachte ich, dass sie mich auf den Arm nehmen würde. »Nett, dich kennenzulernen«, begrüßte ich sie.

Isabella überreichte Anni ein Kistchen mit den Worten: »Die ersten Erdbeeren« und gab ihr einen Kuss in den Nacken, den diese mit einem seligen Kichern beantworte. Dann griff Isabella sich einen Stuhl, drehte ihn um und setzte sich so auf ihn, dass sie ihre Arme auf die Lehne legen konnte. Auf ihre Unterarme stützte sie ihr Kinn. Sie schaute mich geradewegs an. »Wieso bist du hier, Tausendträumer?«

Ich war völlig überrumpelt, dachte einen Augenblick nach und zeigte dann auf den noch vollen Teller: »Frühstück!«

»Du bist lustig«, sagte sie und schenkte mir ein Lächeln, bei dem mir die Beine weich wurden. Das will was heißen, immerhin saß ich. »Also: Wieso?«

»Ich habe ein Versprechen abgegeben. Ich will zwei Leben leben. Ich will lernen, wie ich das mache.«

Sie zog ihre Augenbrauen zusammen und zeigte eine süße Stirnfalte. »Wie alt bist du?«, fragte die Mondin mich.

»Ich werde im August vierundzwanzig.«

»Vorteil Tausendträumer.«

»Vorteil?«

»Deine Blödeln sind noch frisch. Da ist es viel einfacher, das Traumtanzen zu lernen. Mit etwas Glück brauchst du noch keine Abrissbirne.«

»Was für eine Abrissbirne?«

Jetzt wandte sich Isabella an Anni. »Habt ihr schon über die verloren geglaubten Träume geredet?«

»Nein, er ist doch gerade erst angekommen.«

»Darf ich, Frau Doppel-Doktor?«

Anni lachte nur.

»Schon im Mutterleib, dann nach der Geburt und als kleine Kinder, da ist unser Gehirn noch unglaublich formbar. In der Wissenschaft spricht frau von der Neuroplastizität.« Isabella sagte frau statt man. Das war lang vorm Gendern unserer Tage. Ich fand es charmant anders. »Neuroplastizität ist die Fähigkeit unseres Gehirns, sich durch Erfahrungen stets neu zu modulieren. Täglich schafft unser Gehirn unzählige neue Verknüpfungen.

Leider haben die Gesellschaft und unsere Familien nicht selten eine bestimmte Idee davon, was einmal aus uns werden soll. Meine Eltern wollten zum Beispiel, dass ich Beamtin werde, wie sie es auch waren. Brav, gehorsam, fleißig – aber nicht zu fleißig. Geduldig und nicht zu kreativ. Außerdem sollte ich heiraten. Einen Mann natürlich. Damals gab es noch gar nicht die Idee, dass ein Kind mit liebevoller Begleitung von ganz alleine herausfindet, was es will und kann.«

»Ist das heute so viel anders?«, rief Anni von der Spüle her.

»Jedenfalls, Eltern sind oft gar nicht so interessiert, was ihr Kind wirklich will oder für Potenziale hat. Sie haben da so eine Idee, was es soll. Also fangen sie an, es zu belohnen, wenn es sich in die gewünschte Richtung bewegt.«

»Und zu bestrafen, wenn es das nicht tut?«, ahnte ich.

»Ja, oft auch. Müssen sie aber gar nicht. Sie können einfach die Belohnungen weglassen, wenn das Kind zum Beispiel keine guten Noten heimbringt, aufmüpfig ist oder sich die Klamotten versaut, weil es auf Bäume klettert.

Liebesentzug bringt ein Kind ganz von alleine dazu, sich gemäß den Wünschen der Eltern zu orientieren. Sehr bald beginnt es, die eigenen inneren Impulse, zum Beispiel den enormen Bewegungsdrang, den Kinder nun einmal haben, selbstständig zu zensieren. Sie haben die Erfahrung gemacht, dass sie bei ihren Eltern oder überhaupt besser ankommen, wenn sie *brav* sind.«

»Das ist bei Isabella nicht gelungen«, warf Anni ein.

»Na ja, ich durfte halt Sport treiben, mich austoben. Da hatte ich Glück. Aber dann sollte ich gefälligst auch Preise und Pokale gewinnen.

Jedenfalls, wenn so ein Menschlein einen Traum hat und das Gefühl, dieser Traum passt nicht zum Belohnungs-

und-Strafen-System, dann beginnt es schon nach wenigen Jahren, diesen Traum selbst zu zensieren.«

»Neurobiologisch könnte man sagen, es baut eine Art Käfig rund um den Traum auf«, ergänzte Anni.

»Auf Dauer verliert das Menschlein dann das Gefühl für sich selbst, seine Bedürfnisse und Träume. Es hält die zensierte Fassung seiner Welt für die normale Fassung. Nach ein oder zwei Jahrzehnten hat es den Kontakt zu den eigenen intimsten Bedürfnissen oft völlig verloren. Es hält dann die Prägungen durch Familie und Gesellschaft für die eigenen Wünsche. Das ist eine menschliche Tragödie ungeheuren Ausmaßes.«

»Fast jeder Mensch in unserer Gesellschaft trägt derart zubetonierte Träume und Sehnsüchte in den Tiefen seiner Persönlichkeit mit sich herum«, fügte Anni wieder hinzu.

»Träume, einbetoniert in Blödeln«, sagte ich.

»Schönes Bild!«, lächelte Isabella. »Je länger du die Blödeln anwendest, desto fester werden die Träume einbetoniert. Am Ende ist die Menschin fast völlig unfähig, sich zu ändern. Sie hält ihre Betongebilde für die Realität.«

»Aber Anni sagt, du hättest dich geändert. Sie hat sich geändert. Wie kam es denn dazu?«

»Dazu braucht es meistens eine Disruption. Eine massive Störung in der Wirklichkeit, dem Leben, Fühlen und Wahrnehmen eines Menschen. Bei Anni hat es mit dem Herzhören angefangen und dann hat sie sich in eine supertolle Frau verliebt.« Isabella zwinkerte mir zu.

»Und was war bei dir der Auslöser? Was war deine Erschütterung?«

»Ich hatte einen Kollegen, ein ganz lieber Mensch. Der war, wie ich, nicht mehr ganz glücklich im Leben. Wir redeten viel darüber, den Job vielleicht einmal an den Nagel zu hängen und was wir für Träume haben. Mein Kollege hatte da sogar konkretere Pläne. Er war kurz davor auszusteigen. Doch so weit kam es nicht.

Eines Tages waren wir auf einer Baustelle. Da gab es ein Problem mit einem Kran. Mein Kollege wollte dem Kranführer zur Hilfe eilen. Der Kran war schneller. Beide wurden vor meinen Augen zu Tode gequetscht.«

»Oh, mein Gott, wie schrecklich! Das tut mir leid.«

»Ja, mir auch. Das Krasse ist, er hat mir das Leben gerettet. Ich wollte eigentlich auf den Kran, aber er hat sich vorgedrängt.

Ich war dann zehn Tage völlig im Nebel. Auf seiner Beerdigung bin ich wieder aus dem Nebel aufgetaucht. Noch auf dem Friedhof habe ich meinem Chef mitgeteilt, dass ich kündige.«

»Oh! … Dann war meine Abrissbirne das Altenheim. Raus bin ich aber erst drei Jahre später. Im Studium.«

»Das ist nicht untypisch«, ergänzte Anni wieder. »Manchmal pflanzt sich ein Gedanke in unser Gehirn wie ein Samenkorn. Das ruht über Wochen, Monate und Jahre und plötzlich bekommt der Samen Wasser, keimt und sprengt den Beton auf.«

»Das kann auch durch ein Buch, einen tollen Film, ein Urlaubserlebnis oder eine Begegnung mit einem Menschen ausgelöst werden, der anders denkt oder lebt.«

»Für manche scheint erst der unmittelbar bevorstehende Tod dieses disruptive Ereignis zu sein«, vermutete ich.

»Besser sehr spät als nie«, sagte Wonder Woman.

»Meinst du denn, das bringt dann noch was?«

»Ich helfe im Hospiz. Da gibt es schon Menschinnen, die erwachen auf ihren letzten Metern. Manche Gäste macht es unendlich traurig, weil sie um ihre verloren geglaubten Träume trauern. Andere finden dadurch ihren Frieden, dass sie dem Kind in sich – und sei es auch nur für wenige

Tage oder Wochen – doch noch einmal begegnen konnten.«

»Ich will keinen Frieden finden kurz bevor ich sterbe. Ich will Frieden leben.«

Isabella schaute mich prüfend an: »Das Beeindruckende ist: Unsere Träume, unsere Lebendigkeit, unsere Liebe und Neugier, die verschwinden niemals ganz.«

Anni goss mir Kaffee nach: »Die Träume gehen nie verloren, Tausendträumer. Sie können unendlich tief vergraben liegen, doch sie lassen sich nicht auslöschen. Sie warten darauf, wiederentdeckt zu werden.«

»Sogar Darth Vader hatte noch Liebe in sich«, zwinkerte mir Isabella zu. »Erst hat die Liebe zu seinem Sohn den Beton rund um sein Herz zum Bröseln gebracht. Dann hat er dem Imperator den Beton um die Ohren gekloppt.

Sei also nie böse, wenn du da draußen auf Betonköpfe triffst. Bedauere sie. Du weißt nie, ob und wie sehr sie an sich selbst und ihrem Schicksal leiden. Gib nie einen Menschen verloren und sei es auch das größte Arschloch der Welt.«

»Einstein meinte, ich solle sie mit Kuchen und Darjeeling verführen.«

»Hat er das? Ihn bekommst du mit Himbeereis. Tja, manche müssen dem Tod begegnen, manche der Liebe ihres Lebens. Und andere brauchen eine gepflegte Tasse Tee.«

Mit diesen Worten sprang Isabella auf, umschlang Anni von hinten und strich ihr zärtlich über ihre üppigen Hüften. »Ich muss los. Hat mich gefreut, Tausendträumer. Ich wünsche dir viel Spaß. Ob nun beim Beton-Sprengen oder Tanzen-Lernen. Wir sehen uns!«

Jetzt waren es schon drei.

Eben noch hatte ich gedacht, ich wäre alleine mit dieser

durchdrehenden Menschheit. Nun waren da drei Freunde in meinem Herzen. Eine Sonne. Eine Mondin. Und was war Einstein? Eine Galaxie!

So gestärkt fühlte ich mich, als könnte ich dem Beton in meinem Kopf und dem in der Welt vielleicht tatsächlich etwas entgegensetzen.

Ich würde einfach so lange auf dem Beton herumtanzen, bis der Beton mittanzte und von seiner eigenen Schwingung zerbarst.

Kapitel Fünfzehn

Das Traumtauchen

Logik bringt dich von A nach B.
Deine Phantasie bringt dich überall hin.

Albert Einstein

»Und? Hast du den Traum mit deinen Großeltern auf die Zielgerade gebracht? Alle sechs Schritte umgesetzt?«, fragte Einstein am Nachmittag und goss mir einen Tee ein.

Ich hob mein ›Buch der 1000 Träume‹ hoch und rief: »Ich habe es in drei Schritten geschafft!« und erzählte ihm von Annis Hilfe und Bertolds Tipp. Einstein nickte derweil begeistert.

»Das ist ganz typisch, ganz typisch. Wenn du ins Handeln kommst, dann ergeben sich Gelegenheiten und Möglichkeiten, die du dir vorher einfach nicht selbst hättest ausdenken können. Wie geht es dir mit dem Erlebnis?«

Wieder riss ich mein Traumbuch in die Höhe: »Ich habe noch zwei weitere Träume umgesetzt«, sagte ich stolz.

»Oh, das ist schön! Erzähl!« Mein wuschelhaariger Lehrer ließ sich in seinen Sessel fallen.

»Ich wollte meinem Kumpel Willi schon immer mal schreiben, wie wertvoll mir seine Freundschaft ist. Aber irgendwie hat es nie gepasst. Na ja, jetzt habe ich ihm ein halbes Buch geschrieben. Was hier alles passiert und natürlich, wie sehr ich ihn schätze.«

»Oh, wie schön, wie schön! Tut gut, oder?«

»Und ob. Ich habe mir deine Idee zu Herzen genommen mit der Dankbarkeit und dass Menschen plötzlich sterben können. Also war ich im Dorf und habe für Anni Blumen gekauft und sie ihr geschenkt.«

»Wie schön zum Dritten! Anni liebt Blumen!«, jauchzte Einstein. Er war wie ein kleines Kind. Ich war gerührt von seiner ehrlichen Freude über meine Traumerfüllungen.

»Wie fühlst du dich jetzt damit? Aus 182 sind 183 Träume geworden. Und du hast drei quasi umgesetzt.«

Ich musste für die Antwort nicht lange überlegen. Ich fühlte mich frei und mutig. Voller Tatendrang und gleichzeitig von fast unergründlicher Gelassenheit.

»Gut, Tatendrang und Gelassenheit brauchst du heute.«

In diesem Augenblick betrat Anni mit ihrem riesigen Tablett voller Köstlichkeiten den Raum. »Da ist ja mein Küchenengel! Jetzt lass uns erst einmal in Ruhe deine Kochkünste genießen …«, lud mich mein Meister ein.

Also labten wir uns, begleitet vom schon gewohnten Small Talk über das Wetter, den guten Schlaf und die Kochkünste Annis, genussvoll an den Leckereien.

Nach ein paar Minuten legte der Meister los. »So. Jetzt knüpfen wir uns einen deiner großen Träume vor. Einen, von dem du denkst, er sei viel zu groß, als dass du ihn erfüllen könntest. Mit welchem möchtest du anfangen?«

»Ich weiß nicht. Sind so viele.«

»Okay. Herzhören: Wonach ist dir denn heute ganz besonders?«

In diesem Augenblick brach meine ganze gute Laune in sich zusammen. Die kleinen Träumchen, okay, die konnte man angehen. Sich helfen lassen, Tipps einholen. Das war im Grunde alles keine Zauberei. Sie veränderten aber nicht mein Leben. Die Träume gaben keine neue Richtung vor. Die großen Brummer, die waren es, die mich verzweifeln ließen.

»Ich würde gerne einmal am Meer leben. So wie du hier mit einem Atelier mit Blick auf das Wasser.«

»Das Meer ...« Einstein blickte auf die Tafel auf die Seite mit den großen Wünschen. »Du würdest gerne ein Haus am Meer haben.«

»Jaaaa!!«, seufzte ich. Dann schaute ich auf die Tafel. Gleich neben meinem großen Traum ›In einem Haus am Meer leben‹ stand der Traum ›In einem Haus in den Bergen leben.‹

»Ich würde ebenso gerne ein Haus in den Bergen haben und da leben«, seufzte ich verzweifelt.

»Gut. Fangen wir mit den Bergen an. Wir sind ja gerade am Meer. Notiere dir diese Überschrift auf deinem Traumblock: ›Ein Haus in den Bergen haben und da leben.‹«

Ich folgte seiner Anweisung.

»Jetzt gibt es eine sowohl recht einfache als auch ziemlich ungewohnte Aufgabe. Frage dich: Wie genau stellst du dir dein Leben in deinem Haus in den Bergen vor?«

Ich verstand nicht, was er wollte.

»Anders herum: Wie würde ein perfekter Tag in deinem Haus in den Bergen ablaufen?«

»Ich hätte gerne ein Atelier mit Blick auf ein weites Tal, zu dessen Seiten die Berge aufsteigen. Dort würde ich gerne meine Bilder malen. Zum Frühstück würde ich mich neben ein prasselndes Kaminfeuer setzen und auf einen Fluss oder See im Tal blicken. Das Haus liegt auf einer einsamen Alm. Rund um das Haus ist hoher Schnee.« Ich war baff. All das sah ich in diesem Augenblick vor meinem geistigen Auge! So klar, als wäre es live vor mir.

»Wie würdest du dich fühlen? Beim Malen? Beim Frühstücken mit Blick auf schneebedeckte Berge?«

»Ich wäre innerlich ganz ruhig und still. Ich wäre glücklich, würde mich gesund und zentriert fühlen.«

»Sehr schön. Kannst du so richtig tief in dieses Gefühl eintauchen? Stell dir vor, du bist schon in diesem Haus in den Bergen. Du lebst und arbeitest schon dort. Schließe jetzt einmal deine Augen und stell es dir vor. Kannst du das machen?«

Ich schloss die Augen und stellte es mir vor. Vor meinen inneren Augen sah ich mich in einer Art kleiner Almhütte Bilder malen.

»Bist du im Haus in den Bergen?«, fragte mich Einstein. Ich öffnete die Augen, um ihm zu antworten. Sofort wedelte er mit einer Hand. »Augen zu lassen! Bleibe in deinem Traum.«

»Es ist ein kleines Gebäude. Ein umgebauter ehemaliger Stall. Mit einer riesigen Fensterfront. Mit Blick ins Tal. Ich schaue da raus. Alles voller Schnee.«

»Wo bist du?«

»Keine Ahnung. Schweiz, Österreich, Alpen, … ?«

»Wie geht es dir dort? Jetzt in diesem Augenblick?«

»Es ist wunderschön. Ich bin glücklich.«

»Gut. Genieße dieses Gefühl. Lass zu, dass es sich in dir ausbreitet.« Er machte eine Pause. »Du kannst jetzt etwas in deiner Traumreise machen. Ein Bild malen vielleicht. Etwas essen. Was dir dort gerade einfällt. Achte dabei auf die Details. Wie riecht es? Wie klingt es? Wie sehen die Räume aus? Wie die Berge? Die Umgebung? Wie fühlst du dich?«

Das machte ich. Ich tauchte tief ein in diese Fantasie, driftete dabei regelrecht weg in eine Traumwelt. Irgendwann hörte ich Einsteins Stimme: »Das Haus, wo du jetzt bist, ist das dein Haus?«

Erstaunlicherweise hatte ich sofort eine Antwort »Ich wohne hier nur.« Keine Ahnung. Es war sofort so ein Gefühl. Was ich das sah, war nicht mein Atelier. Ich war hier nur zu Besuch.

Dann fragte mein Mentor: »Sind da noch andere Menschen? In deinem Atelier? Vor dem großen Fenster? In der Umgebung?«

Ich blickte mich auf meiner Traumreise um. Da war niem… da waren plötzlich zwei Hunde, die vor einem offenen Kamin dösten. Wie komisch. In meiner Traumreise ging ich an die Tür – eine alte Holztür – und öffnete sie. Hinter dem Atelierhaus stand ein größeres Haus. So eine Art Anwesen. Ich erzählte Einstein, was ich sah.

»Geh mal zu diesem Anwesen hin«, dirigierte er.

Ich ging aus dem Atelierhaus raus und über einen Kiesweg auf das Haus zu. Kennst du das Gefühl, wenn du in einem echten Traum bemerkst, dass irgendetwas nicht stimmt und du vielleicht in einem Traum bist? So ging es mir in diesem Augenblick. Ich fragte mich: ›Wieso hat mein Gehirn hier einen Kiesweg hingelegt?‹

Da trat ein Mensch aus der Tür des Anwesens. Wie abgefahren! Irgendwie übernahm der Traum mehr und mehr die Regie. Und ich konnte ihm zugucken. Ich schaute den Mann in meiner Traumreise an.

»Was tut der Mann?«, fragte Einstein.

»Er hält mir etwas hin.«

»Was?«

»Einen Schlüssel. Es ist ein Hausschlüssel.«

»Was weiter?«

»Jetzt geht er zu einem Auto. Er steigt ein. Jetzt fährt er fort.«

»Und du hast den Hausschlüssel?«

»Ja, in meiner Hand.«

»Wieso hast du einen Hausschlüssel zu diesem Anwesen? Hast du es gekauft?«

»Nein … ich … muss auf … auf das Haus aufpassen. Jetzt kommen die Hunde aus dem Atelier gelaufen. Sie kommen zu mir. Ich bin da … ich bin, ich passe … ich passe auf das Haus und die Hunde auf.« Woher wusste ich all diese Dinge? Was dachte sich mein Gehirn da aus?

»Gut. Wenn es okay für dich ist, dann verabschiede dich von den beiden Hunden und komme hier ins Traumzeit-Haus an den Teetisch zurück.«

Ich tat, wie mein Lehrer mir gesagt hatte. Er blickte mich neugierig an. »Na, wie war es – da in den Bergen?«

»Schön!«, sagte ich überrascht. Nicht weil es in den Bergen schön war, sondern weil ich es so realistisch gefühlt hatte. Fast so, als wäre ich dort gewesen.

»Du hast jetzt ein paar Tipps bekommen, um über deinen Wunsch, ein Haus in den Bergen zu haben, nachdenken zu können«, sagte mir Einstein.

»Es wirkte alles so echt.«

»Bestimmte Regionen in unserem Gehirn können zwischen intensiven Vorstellungen und der Wirklichkeit nicht unterscheiden. Für dein Gehirn war es real«, erklärte er mir.

War das so? Ich wusste nicht, was ich glauben sollte. Ich wusste nur: Mein Körpergefühl war echt. Ich hatte das Gefühl, als wäre ich in den Bergen gewesen. Total entspannt.

»Diese Bilder auf der Traumreise können dir helfen, genauer herauszufinden, was du wirklich willst.«

»Wie denn das?«

»Zum Beispiel hast du das Gefühl gehabt, dieses Haus nur vorübergehend bewohnt zu haben, richtig?«

Ich nickte bestätigend.

»Ein Haus in den Bergen zu mieten, ist wirklich viel unkomplizierter, als eines zu kaufen.«

»Ich hatte das Gefühl, nur zu Besuch zu sein«, erinnerte ich mich.

»Und? War das schlimm?«

»Nein, es hatte eine eigenartige Leichtigkeit. Ich hatte

das Gefühl, dass ich das Haus nicht unbedingt besitzen muss.«

»Ah, gut. Siehst du, so kann eine Traumreise helfen, genau herauszufinden, was du möchtest. Dachtest du bisher, wenn du am Meer oder in den Bergen leben möchtest, musst du ein Haus am Meer und ein Haus in den Bergen kaufen?«

»Äh …«, in diesem Augenblick fragte ich mich, warum das so war. »Jaa?!«

»Vielleicht weil du es so gelernt hast. Wenn man irgendwo lebt, muss man ein eigenes Haus kaufen. Eine typische Blödel.«

Na klar. Das war ein Glaubenssatz. »In meiner Familie haben alle ihr eigenes kleines Haus … und sind verschuldet.«

»Für viele Menschen der Preis für ein eigenes Haus«, sagte Einstein. »Man kann Häuser auch mieten. Das macht besonders dann Sinn, wenn man nicht die Absicht hat, ein Leben lang darin zu wohnen. Wenn man dann doch für immer dort bleiben möchte, kann man immer noch über einen Kauf nachdenken.«

Ich atmete tief durch. Es fühlte sich an, als gäbe es plötzlich eine Möglichkeit, am Meer und in den Bergen zu leben, ohne zweimal ein halbe Million für zwei tolle Häuser ausgeben zu müssen. Mal davon abgesehen, dass ich diese Million ja erst einmal haben musste, um sie ausgeben zu können.

»Aber was war das mit dem Mann, den Hunden und dem Schlüssel?«, fragte ich mich und gleichzeitig Einstein.

»Du hast es schon während deiner Traumreise erzählt.«

»Ich habe auf das Haus und die Hunde aufgepasst.«

»Hmhm«, machte er. »Ich habe einen Bekannten, der ist Geschäftsmann. Er lebt in der Schweiz in den Alpen. Sein

Haus ist sehr teuer. Er hat Pferde. Wenn er für eine längere Reise ins Ausland muss, dann engagiert er jemanden, der auf sein Haus und die Pferde aufpasst. Es gibt da so Services, die vermitteln so eine Art Haussitter.«

»So was gibt es?« Da hatte ich noch nie von gehört.

»Ja, er ist manchmal über zwei oder vier Monate außer Haus und da will er seine Villa nicht alleine lassen. Die Haussitter passen auf die Heizung auf, füttern und bewegen die Pferde, leeren den Briefkasten, schneiden den Rasen und so weiter. Er zahlt ihnen sogar ein kleines Taschengeld.«

»Da kriegt man noch Geld für?!«, staunte ich. Meine Wangen glühten vor Aufregung.

»Ich glaube, nicht alle zahlen so ein Taschengeld. Meistens nur wenn es Tiere gibt. Ansonsten passt du einfach auf das Haus auf. Es soll nicht leerstehen, damit keiner einbricht. Du wohnst umsonst.«

»So was gibt es? Auch am Meer?«

»Das gibt es überall auf der Welt.«

»Ich könnte am Meer und in den Bergen leben und müsste nichts bezahlen?«

»Vielleicht sogar bei jemandem, der ein Künstleratelier hat. Wer weiß?«, nickte mein Mentor.

Ich blickte ihn erstaunt an. »Vielleicht muss ich gar nicht mein Leben lang in den Bergen oder am Meer leben. Ich meine, so für immer. Vielleicht will ich ja … nur so ein paar Monate am Meer leben. Und für ein paar Monate in den Bergen?«

»Ach?!«, schmunzelte er. »Wie kommst du denn jetzt da drauf?«

»Das ist gerade so ein Gedanke …«

»Schließ deine Augen. Spüre hinein. Wie fühlt sich der Gedanke an …?«

Ich schloss sofort die Augen. Jetzt sah ich mich plötzlich am Meer in einer kleinen renovierten Fischerhütte. Direkt am Wasser. »Wundervoll«, erwiderte ich sofort. Ich verspürte ein Gefühl ungeheurer Erleichterung. Das war eine Perspektive. Ein Haus zu mieten oder sogar noch ein bisschen Geld dafür zu bekommen. Auf eine Villa, Hunde oder Katzen aufzupassen. Rasen mähen und so. Oder Schnee schippen. Einstein nickte wissend.

»Ich nenne die Methode Traumtauchen. Wenn wir tief in unseren Träume tauchen, dann sehen wir häufig Details oder fühlen Dinge, die es uns erleichtern, einen Traumerfüllungsplan zu konzipieren. Unsere ursprünglichen Ideen sind oftmals einfach nur: Ideen. Wie Werbung, die auf ein Gebäude projiziert wird. Die Träume fühlen sich überirdisch riesig an. Ein Haus am Meer kaufen. Noch ein Haus in den Bergen kaufen. Du kommst aus einer Familie von Häuslebauern. Zack! hast du eine Blödel im Kopf: Ich muss ein Haus kaufen. Ich muss zwei Häuser kaufen. Die kosten aber doch so viel. Dann sagt dir die Blödel: Leben am Meer und in den Bergen – das kann ich mir nie leisten!«

Ich fühlte mich, als würde ich meinem Gehirn das erste Mal beim Konstruieren von Glaubenssätzen zusehen. Oder besser: beim Einreißen!

»Beim Traumtauchen hält sich unser Gehirn oftmals nicht an die Blödeln«, wusste mein wuschelhaariger Mentor.

»Ja, ich dachte, ich will am Meer leben, und das war für mich bisher gleichbedeutend mit: Ich muss da hin ziehen.«

»Und was denkst du jetzt?«

Ich spürte noch einmal kurz in meine Traumtauchen-Bilder hinein. »Ich glaube, es würde mir genügen, vielleicht drei oder sechs Monate mit Blick auf das Meer zu leben. Oder auch ein ganzes Jahr. Und ein Jahr in den Bergen.«

»Hmm. Und am Meer? Ist dein Haus wie dieses hier?«

Ich schloss meine Augen erneut. Sofort tauchten ein Leuchtturm und ein Sandstrand auf und die kleine Fischerhütte. Ich öffnete die Augen wieder und erzählte es. Einstein nickte wissend: »Ein Phänomen ist, wie sehr sich viele unserer Träume in Bewegung befinden, wenn wir uns wirklich auf sie einlassen. Es kann also sein, dass sich dein Wunsch im Laufe der Zeit verändert.«

»Wie … verändert?«

»Wenn du immer wieder zu diesem Projekt Traumtauchen gehst, kann es geschehen, dass du dann nicht mehr die beiden Hunde siehst, sondern zum Beispiel ein Gemeinschaftsatelier. Vielleicht arbeitest du mit anderen Künstlern zusammen. Das Atelier hat eine Aussicht auf die Rocky Mountains und du bemerkst, dass du nicht nur in die Berge willst, sondern auch noch nach Amerika.«

Ich musste grinsen. Das waren beides Träume von der Tafel: Amerika besuchen. Von Indigenen lernen. Ich stand auf und tippte auf die entsprechenden Wünsche an der Tafel: »Ich würde gerne auch viel über die Kultur der indigenen Nordamerikaner lernen.«

»Das hast du mir diktiert. Was fällt dir da spontan ein? Schließe deine Augen. Tauche ein in die Bilder.«

Ich tauchte ab nach Amerika zu einem Besuch bei Indigenen: »Ich sehe mich, wie ich Workshops und Seminare bei Indigenen besuche … Oh!«

»Was: Oh!? Erzähl!«

»Da sind lauter andere nette Menschen mit toller Ausstrahlung. Die sehen alle wie Künstler aus.« Ich öffnete überrascht die Augen. Wow! Was war denn das? Plötzlich fügten sich mehrere meiner Träume zusammen. »Das sind zwei Träume, die sich da erfüllen«, stammelte ich aufgeregt. »Eigentlich drei.«

»Wieso drei?«

»Ich würde gerne auch mal ausprobieren, in einer Community zu leben. Gemeinsam mit Menschen, die eine ähnliche Lebenseinstellung haben. Künstler. Sozial engagierte Leute. Visionäre. Pioniere eines anderen Zusammenlebens.«

Mein Lehrer hüpfte aus seinem Sessel auf und sprang an die Tafel. Dort notierte er ins mittlere Feld: Erfahrungen mit kreativer Lebensgemeinschaft sammeln. »So passend formuliert?«

»Perfekt!«, antwortete ich. Und fügte etwas ernüchtert hinzu: »Drei kleine Träume erledigt. Zwei riesige Träume hinzugekommen. Das finde ich jetzt aber deprimierend.«

»Wirklich? Nach einem Jahr am Meer gehst du ein Jahr in die Berge nach Amerika. Lebst dort in einer Lebensgemeinschaft mit Künstlern und Aktivisten. Ihr lernt gemeinsam von indigenen Menschen. Das sind doch wundervolle Träume.«

»Ach!« Ich winkte abwehrend. »Spotte nicht. Wie soll ich denn das alles umsetzen?«

Einstein lächelte mich mitleidig an. »Deine Reaktion ist ganz normal. Wenn wir das Tor der tausend Träume öffnen und mit dem Traumtauchen beginnen, werden sich manche Träume, von denen wir dachten, sie seien riesig, in überschaubare Projekte verwandeln. Manche werden uns sogar mit der Zeit unwichtig erscheinen. Dafür kommen neue Träume hinzu, die gigantisch sind. Das ist ganz normal.«

Mein Hochgefühl sackte in den Keller. »Jetzt sind es trotzdem so viele Träume – wie soll ich wissen, welche ich umsetze? Und wie? Es sind einfach zu viele.«

Kapitel Sechszehn

Der innere Kritiker

Das ganze Leben dreht sich um unsere Aufmerksamkeit; wohin unsere Aufmerksamkeit wandert, dorthin folgt unser Leben.

Jiddu Krishnamurti

»Keine Sorge. Du wirst in deinem Leben weit mehr Träume umsetzen können, als jetzt auf deiner Liste stehen. Wie das geht, lernst du in den nächsten Tagen. Für heute ist die Zeit schon wieder um.«

Ich blickte auf die Uhr: »Oh, so schnell vorbei?!«

»Ja, Traumtauchen braucht Zeit. Hier deine Aufgabe: Tauche bis morgen in mindestens zwei bis drei deiner Wünsche hinein und male dir im Geist genau aus, was du erlebst, wenn du sie umsetzt. Schreibe deine Wahrnehmungen auf dieser Traumreise auf eine Seite deines Traumbuches. Wichtig ist, deine inneren Bilder nicht zu bewerten. Schreibe einfach auf, was du siehst. Bewerten blockiert den Fluss der Wahrnehmung. Dein Herz will nicht bewertet werden. Es will, dass du ihm zuhörst.«

»Das ist einfach – das Herzhören«, sagte ich.

»Bekommst du es mit? Vorgestern dachtest du noch, du kannst es gar nicht, das Herzhören. Tatsächlich bist du da recht fix. Das geht nicht allen Menschen so. Manche haben Schwierigkeiten, sich auf die Bilder einzulassen. Du glaubst gar nicht, wie aktiv bei vielen der innere Kritiker ist. Jedes innere Bild, jede Gefühlsregung wird sofort be- und verurteilt.«

»Und was mache ich da, wenn so ein ›innerer Kritiker‹ versucht, den Fluss der Bilder zu zensieren?«

»Bedanke dich bei ihm für seine Aufmerksamkeit und seinen Einsatz …«

Ich lachte auf. »Echt jetzt?! Ich will ihn doch loswerden!«

»Der innere Kritiker ist eine Essenz all deiner Prägungen. Er ist da, um dich vor gefährlichen Abenteuern zu schützen. Respektiere ihn und danke ihm. Dann sage ihm, dass du seine Bedenken sehr wohl ernst nimmst und dich mit ihnen auseinandersetzt. Erklär ihm auch, dass sein Einsatz erst nach dieser Übung kommt. Da darf er alle Bedenken äußern. Zuerst müssen die Bilder fließen. Da das Traumtauchen nicht sein Fachbereich ist, darf er da mit dem Aufpassen pausieren …«

»Und das soll funktionieren?« Das schien mir irgendwie zu einfach.

»Bei manchen sofort, andere müssen ein wenig üben. Wie überall im Leben. Zweifeln ist nichts Schlechtes. Das wird leider von einigen Positiv-Denken-Gurus eindimensional dargestellt. Es kommt immer darauf an, ob du deinen inneren Kritiker nutzt, um nicht zu handeln. Oder um zu schauen, wie du dein Handeln optimierst.

Du kannst Anni zu dem Thema befragen. Als Psychologin wird sie dir bestätigen: Alles an uns, was wir einfach so verdammen und ablehnen, sucht sich Wege über dein Unterbewusstsein. Wenn du deinen inneren Kritiker verdammst, dann wird er zu einem gefährlichen Gegner, der im Untergrund gegen dich arbeitet. Ohne dass du es mitbekommst. Wenn du ihn dagegen als das betrachtest, was er ist, nämlich ein Gefühl, das wahrgenommen werden will, dann kann er zu einem konstruktiven Freund werden. Du darfst ihm nicht die Macht über deine Entscheidungen geben, solltest jedoch mit ihm kommunizieren.«

Die Wanduhr gongte. Sofort sprang Einstein auf: »Und jetzt raus mit dir. Die Freude ruft.«

»Wieso sagst du immer ›Die Freude ruft‹, wenn unsere Zeit um ist? Hast du keine Freude mit mir?«

»Oh, ich freue mich sogar schon auf morgen und all die Tage. Ich freue mich auf jede neue Aufgabe. Ich tanze einen Traumtanz voller Freude. Dann kommt der nächste Tanz und den begrüße ich ebenfalls voller Freude«, erläuterte mir mein Meister sein eigentümliches Verhalten.

Damals fand ich das etwas schrullig. Ich konnte mir noch nicht vorstellen, was genau mein Mentor da machte und meinte. Heute lebe ich genau so. Inzwischen funktioniert es so gut, dass ich mich sogar auf das Ausfüllen amtlicher Formulare und den ganzen Verwaltungskram im Büro freue. Na ja, manchmal jedenfalls. Ich übe immer noch.

In diesem Augenblick kam Anni herein, grinste mich keck an und zwinkerte Einstein zu. »Der junge Tausendträumer sieht aus wie frisch geschlüpft. Was habt ihr gemacht? Traumtauchen?« Einstein lachte auf.

»Woher weißt du das?«, fragte ich Anni erstaunt.

»Ach, nachdem die Menschen intensiv in ihre Träume eintauchen, sehen sie anschließend oft extrem tiefenentspannt aus. Wie sollte es auch anders sein: Das Gehirn denkt ja, das Erlebte sei real.«

Tatsächlich fühlte ich mich total erholt. Als hätte ich eine herrliche Zeit in meinen Ateliers in den Bergen und am Meer verbracht. Als hätte ich tolle Ideen mit tollen Menschen ausgetauscht. Als wäre ich Gast bei faszinierenden Ureinwohnern nahe der Rocky Mountains gewesen und hätte von ihnen gelernt.

Einstein saß schon an seinem Schreibtisch, wedelte uns mit der Hand raus und brummelte: »Wir sehen uns morgen zum Nachmittagstee, Tausendträumer. Viel Spaß beim

Traumtauchen. Mindestens drei Träume. Sonst gibt es keinen Kuchen!«

»Viel Freude beim Weltretten …«, rief ich.

Einstein hob überrascht den Kopf und blickte von seinen Unterlagen auf. Dann brummelte er: »Nur so funktioniert es!«

Kapitel Siebzehn

Das Traumdenken

Gib mir sechs Stunden, um einen Baum zu fällen, und ich werde die ersten vier Stunden damit verbringen, die Axt zu schärfen.

Abraham Lincoln

Ich betrat wie stets pünktlich um 16.30 Uhr das Atelier. Ich war mies drauf. Seit dem Aufstehen fühlte ich mich verwirrt, um nicht zu sagen deprimiert.

Mein Mentor saß bereits am Teetisch, begrüßte mich knapp und zeigte auf den mit Annis Leckereien eingedeckten Tisch. »Du hast doch nichts dagegen, wenn ich schon anfange? Ich bin hungrig. Gießt du uns einen Tee ein?«

Ich goss unsere Tassen voll. Dann setzte ich mich auf mein Sofa und nippte lustlos am Darjeeling. Hunger hatte ich auch nicht. Einstein umso mehr, was er stets mit Lauten des Wohlgenusses kommentierte. Nach einigen Bissen hielt er im Kauen inne »Waff ifft los? Ifft du nichtff?«, fragte er mit vollem Mund.

»Keinen Hunger«, brummelte ich und gab mir Mühe, schön frustriert zu klingen.

»Wie geht das denn? So ein junger Kerl, so gutes Essen und kein Hunger?!«

»Keine Ahnung«, log ich.

Einstein nahm sich ein weiteres Sandwich. »Blödsinn. Lass dich nicht bitten. Erzähl, wo der Traumschuh drückt.«

»Jetzt habe ich all diese Träume. Jetzt teile ich sie in kleine, mittlere und große Träume auf. Jetzt gehe ich traumtauchen, um herauszufinden, was ich wirklich will. Nach jeder Lektion habe ich das Gefühl, das sind tolle Tipps. Aber letztendlich habe ich keine Ahnung, wie ich die mittleren und großen Träume umsetzen kann. Das ist doch alles irgendwie … es ist so theoretisch.«

Einstein hatte die ganze Zeit weitergegessen, mir aber aufmerksam zugehört. »Du hast ja doch Hunger«, sagte er dann, ohne auf mein Genörgel einzugehen. »Jetzt genieß die Köstlichkeiten. Außerdem haben wir gerade einmal ein Drittel der notwendigen Lektionen besprochen. Baust du ein Fahrrad zusammen und versuchst zu fahren, bevor du die Räder montiert hast?«

Ich schaute ihn an. »Das geht nicht: ohne Räder fahren.«

»Ach was! Wenn Anni einen Kuchen backt, sucht sie sich vier von acht Zutaten zusammen, legt sie nebeneinander auf den Küchentisch und ist dann deprimiert, dass da kein Kuchen bei rauskommt? Aber *du* willst tanzen lernen ohne die Schritte zu können. Jetzt iss was!«

Da hatte mich der alte Kauz mal wieder schön vor die Wand meiner eigenen inneren Blödeln laufen lassen. Ich hatte meiner Ungeduld gestattet, mir schlechte Laune zu machen. Wegen nichts. Mit dieser Erkenntnis schwand meine miese Stimmung. Alles andere wäre nur peinlich gewesen. Ich nahm mir ein Eckchen Käsesandwich mit Paprikacreme und stellte beim ersten Bissen fest: Ich hatte tatsächlich Hunger. So mümmelten wir eine Weile still vor uns hin. Irgendwann putze sich Einstein seine Hände an seiner Serviette ab. »Iss weiter, ich rede schon mal ein wenig, okay?«

»Hmjamh!«

»In den nächsten zwei Lektionen sind Schritte erforderlich, an denen viele Tausendträumer scheitern. Zuerst einmal müssen wir den Traum in all die Schritte aufteilen, die es braucht, um ihn Wirklichkeit werden zu lassen. Ich nenne es ›Das Traumdenken‹. Dieser Prozess kann eine ganze Menge Arbeit machen.

Anschließend müssen wir die Bestandteile, die wir beim Zerlegen gefunden haben, in eine logische Reihenfolge bringen, damit du mit der Traumumsetzung beginnen kannst. Das nenne ich ›Die Traumleiter‹. So weit, so gut?«

Ich hatte den Mund voll: »Theoretiff ja!«

»Viele Menschen können sich ihr Traumziel in prächtigen Bildern und Details ausmalen. Traumtauchen Note Eins. Beim Umsetzen schon der kleinsten Projekte verfallen sie dann oftmals in einer Art Umsetzungsblockade. Doch bevor wir ins Umsetzen kommen, noch ein paar Gedanken über das Traumtauchen. Warum ist es so wichtig?«

»Damit ich herausfinde, wie *genau* meine Wünsche und Ziele aussehen. Mein Unterbewusstsein weiß manchmal besser als ich, wonach sich mein Herz sehnt, und dafür sendet es mir die Bilder, die ich beim Traumtauchen sehe. Und ich muss die Reiseerlebnisse unbedingt notieren.«

»Musterschüler! Du hebst deine Träume mithilfe des Träumens und Aufschreibens aus dem Reich des Nebulösen. Du gibst ihnen eine mögliche erste Form in einer anderen Realität. Sie werden dadurch viel konkreter.«

»Der Teil macht mir so richtig Spaß!«

»Das Aufschreiben sagt deinem Herzen: ›Der Typ nimmt mich ernst. Er verwandelt die Bilder, die ich ihm sende, in eine Art von Wirklichkeit.‹ Für dein Herz ist das Aufschreiben pure Magie.«

In diesem Augenblick – wieso kam die Frau immer so passend ins Atelier? – betrat Anni mit ihrer Kuchenplatte das Atelier und griff das Thema gleich auf: »Neurobiologisch gesehen erschaffst du durch das Aufschreiben ein komplexeres Netzwerk. Einen Traum einfach nur zu träumen findet in einem bestimmten Bereich deines Gehirns statt. Den Traum dann aufzuschreiben, und sei es in Stichworten, aktiviert einen völlig anderen Bereich.

Beide Bereiche werden bei diesem Prozess miteinander verknüpft. Dein Traum beginnt sich zu verwandeln. Das muss man nicht glauben. Funktioniert trotzdem.« Sie grinste breit. »Heute kein frischer Kuchen, ihr habt gestern so viel übrig gelassen.«

Das fand ich super. Nicht nur die Infos über die Neurobiologie, sondern dass es noch einmal Schokotorte gab. Ich spürte, es würde gleich eine Stufe weitergehen. Mein Meister strahlte so einen Tatendrang aus. Und richtig. Er machte erst gar keine große Pause, sondern fuhr direkt fort.

»Im nächsten Schritt kommt fast das Gegenteil vom Traumtauchen. Das Traumdenken. Während viele Menschen das Traumtauchen lieben und oft intuitiv von selbst machen, meiden sie das Traumdenken wie die Pest.«

»Wieso das denn?«

»Beim Traumdenken überlegst du, was *genau* du alles für Schritte gehen musst, um deinen Traum zu erfüllen. Die Betonung liegt auf *genau* und *alles*.«

»Ja, aber warum meiden viele Menschen das Traumdenken wie die Pest?«

»Weil denken anstrengend ist.«

Ich lachte laut auf, verschluckte mich dabei an einem Sandwichkrümel und hatte einen Hustenlachanfall. Mein wuschelköpfiger Lehrer schüttelte den Kopf: »Das ist gar nicht so lustig, sondern ein echtes Problem. Intensives Nachdenken strengt ungemein an. Magst du es erklären?« Er schaute Anni an, die weiterhin zugehört hatte.

»Beim intensiven Nachdenken verbraucht unser Gehirn wirklich viel Energie. Nun haben wir im älteren Teil unseres Gehirns, im Stammhirn, ein immerzu mitlaufendes Kontrollprogramm, das den Energieverbrauch kontrolliert.

Das wurde uns von der Evolution in einer Phase unserer Entwicklung programmiert, als wir noch nicht über so viel Nahrung wie heute verfügten. Dieses Programm fragt ständig und immerzu: ›Ist es wirklich nötig, mir diese oder jene Gedanken zu machen, oder kann ich das Problem intuitiv lösen? Oder indem ich einfach die Regeln befolge, die ich von meinen Altvorderen gelernt habe?‹ Bedauerlicherweise hat diese alte Programmierung beträchtliche Macht über unser Denken und Handeln. Das ist übrigens auch einer der Gründe, warum viele Menschen lieber den Blödeln folgen. Das Gehirn sagt: ›Mach das mal, ist gut für dich!‹ Tatsächlich sagt es: ›Wenn du die Regeln befolgst, musst du nicht nachdenken. Daher verbrauchst du weniger Energie. Und das ist gut!‹

Überlegst du stattdessen, Regeln auch nur infrage zu stellen, gehen in deinem Gehirn unzählige Alarmglocken an. Kreisch! Der Energieverbrauch ist zu hoch! Längst nicht nur der im Energieoptimierungsteil. Also, ja: Nachdenken ist anstrengend. Deshalb tun es so wenige.«

Einstein blickte mich traurig an. »Leider kann man den Menschen nicht einmal einen Vorwurf deswegen machen. Sie folgen einfach einem Steuerungsprogramm der Evolution, tief eingepflanzt in ihr Gehirn. Deswegen finden die Menschen Traumtänzer nicht selten eigenartig, befremdlich oder sogar gefährlich. Erst recht, wenn sie mit ihrer Traumtänzerei erfolgreich sind. Sie werden so zu einem sichtbaren Beweis, dass mehr möglich ist, als uralten Programmen zu folgen. Das Standardgehirn zieht es vor, wenn alles so bleibt, wie es immer schon war.«

»Ist das der Grund, warum es mir so schwerfällt, Entscheidungen zu fällen und meinen Weg zu finden?«

Einstein nickte in Annis Richtung. Die kam gerade so richtig in Fahrt: »Das menschliche Gehirn hat einen Entscheidungsmuskel und der ermüdet bei intensivem Gebrauch.«

»Wie bei Kniebeugen? Irgendwann geht nichts mehr?«

»Ganz genau so. Wenn du viele Entscheidungen fällst, dann wird es von Entscheidung zu Entscheidung für dein Gehirn anstrengender. Wenn du trotz Ermüdung noch Entscheidungen fällst, beginnst du, ohne es zu bemerken, lieber blödsinnigen Regeln zu folgen, als dich zu fragen, was für dich wirklich gut und richtig ist. Das Gehirn wird entscheidungsmüde.

Eine ernüchternde Forschung hat gezeigt: Richter, die über die Freilassung von Gefangenen urteilen mussten, entschieden sich jeweils vor der Mittagspause und vor Feierabend vermehrt *gegen* die Freiheit der Häftlinge. *Nach* dem Frühstück und direkt nach dem Mittagessen urteilten sie *zugunsten* der Gefangenen. Sie sprachen nicht objektiv Recht, sondern bekamen von ihrem Zuckerstoffwechsel diktiert, wann sie differenzierte Entscheidungen fällen und wann sie mutige Entscheidungen vermeiden sollten. Viel Zucker: Freiheit. Hunger: Haftverbleib.«

Einstein griff sich ein Toffee und hielt es sich grinsend vor den Mund. »Es hat schon seine Gründe, warum wir unsere Sessions hier mit allerlei Köstlichkeiten begleiten. Wenn das Gehirn genug Energie hat, kann es Entscheidungen viel entspannter treffen.«

»Ich muss also viel essen als angehender Traumtänzer?«

»Müssen musst du gar nichts und viel vermutlich auch nicht. Aber – ja: Wenn du Entscheidungen fällen willst oder musst, dann ist ein guter Blutzuckerspiegel hilfreich.«

Ich griff mir eine gefüllte Teigtasche. Das gefiel mir. Ich hatte immer gedacht, zur Weisheit finde ich nur durch Entsagung, Fasten und so. Anni verließ jetzt den Raum und winkte: »Viel Spaß, ihr zwei.« Mein Lehrer winkte zurück und setzte seine Lektion fort: »Jetzt pass gut auf, jetzt kommt die Anleitung: Du nimmst deinen Traum, deinen Wunsch, deine Vision – eben: dein Projekt. Dann setzt du dich hin und denkst darüber nach, was du alles tun musst, damit der Traum in Erfüllung geht.«

»Wie wir es bei der Reise für Oma und Opa gemacht haben? Das war einfach. Bei meinen großen Träumen ... die sind so komplex und kompliziert, wie soll ich da wissen, was zu tun ist?«

»Was hast du bei deinen Großeltern zuerst gemacht?«

»Ich habe den ersten Anruf gemacht.«

»War der Anruf dein erster Schritt bei der Umsetzung deines Großeltern-Traums?«

»Hmm? Ja?!«

»Hmm?! Ja?! War das wirklich das Erste, was du getan hast: die Pension anzurufen? Was war nötig, um diese Handlung, den Anruf, durchzuführen?«

»Das Telefon nehmen ...«, ich hielt inne. »Erst brauchte ich die Nummer.«

»Was kam davor, ganz zu Anfang, bevor du die Nummer herausfindest?«

Jetzt fiel es mir wie Schuppen von den Augen: »Planen! Ich musste den ganzen Ablauf erst einmal durchdenken. Nachdenken! Diese sieben Schritte planen, die dann sogar auf drei beziehungsweise vier geschrumpft sind.«

»That's it! Zuerst haben wir uns hingesetzt und nachgedacht, welche Schritte notwendig sind, um deinen Wunsch zu erfüllen. Du bist nicht einfach losgerannt und hast irgendetwas getan. Du hast zuvor nachgedacht, was genau getan werden muss.«

Ich nickte. Im Grunde war es lächerlich. Eigentlich war der Ablauf doch ganz selbstverständlich. Mein Meister wusste wieder, was ich dachte.

»Das ist nicht so selbstverständlich, wie du denkst. Typischerweise holen viele Menschen ihre komplexeren Träume nie aus dem Reich der Gefühle heraus. Beim Traumtauchen sind wir im Reich der Gefühle. Bei der Umsetzung betreten wir das Reich der Zeit. Das eine ist eine analoge Welt, in der alles gleichzeitig stattfinden kann. Die ist romantisch. Beim Nachdenken sortierst du den Traum in eine Zeitlinie. Du musst dir Zeit nehmen. Dich hinsetzen. Mit einem Notizblock, Zettel oder Traumbuch. Du denkst über Folgendes nach: Was sind die notwendigen Schritte, um mein Projekt umzusetzen? Was muss alles getan werden? Das hat eine gewisse chirurgische Qualität und zumindest Einsteiger finden diesen Prozess oft eher unromantisch. Dabei ist er genau genommen ein Abenteuer.«

»Das sind dann aber bei großen Projekten unendlich viele Punkte und ich weiß nicht, in welcher Reihenfolge ich sie umsetzen muss.«

»Die Reihenfolge ist erst der zweite Teil dieses Prozesses. Zuerst einmal ist es wichtig, alle Schritte, die dir überhaupt einfallen, aufzuschreiben. Stell dir vor, du bist ein Traumchirurg. Du musst deinen Traum sezieren. Ihn in all seine Bestandteile zerlegen. Nur so verstehst du, wie er funktioniert, wie du ihn umsetzt. Alles, was dir einfällt, was getan werden muss: aufschreiben.

Manchmal schreibt man es schon in der passenden Reihenfolge auf. Doch erst mal geht es darum, überhaupt aufzuschreiben. Denke dabei nicht an die Reihenfolge. Das kann den Prozess total stören.

Im Falle deiner Großeltern-Tour kannst du also als einen notwendigen Schritt zum Beispiel zuerst den Anruf bei deinen Großeltern notieren, wenn dir das zuerst einfällt. Dann den Anruf bei der Fremdenverkehrszentrale. Dann die Anrufe bei den Hotels. Egal. Wenn du alle Schritte hast, die dir einfallen, erst dann kommt die Traumleiter mit der Reihenfolge.« Einstein hielt inne und nahm sich seinen Schokokuchen vor, dabei blickte er mich unverwandt an.

»Vom Traumtaucher werde ich also zum Traum*zer*denker?«, zweifelte ich. »Kein Wunder, dass das viele Menschen nicht mitmachen: die eigenen Träume *sezieren* …«

»Läuft ohne Blut ab. Geht mit Schokokuchen«, lachte mein Meister.

Ich überlegte kurz. Wenn schon, denn schon, dachte ich. »Ich würde gerne mit einem ganz großen Projekt üben. Ich habe schon darüber nachgedacht. ›Ein Buch selbst veröffentlichen‹ vielleicht.«

»Gerne. Legen wir gleich los: Verstehe ich das richtig? Du willst dein Buch nicht einem Verlag anbieten, sondern es selbst produzieren, verkaufen und vermarkten?«

»Jaaaa!« Ich strahlte über beide Ohren. Die Vorstellung machte mir sofort Spaß. Ich hatte einfach keine Lust, mich bei zig Verlagen zu bewerben, Absagen zu kassieren oder mir von einem Verlag vorschreiben zu lassen, was ich schreiben durfte oder nicht.

»Dann schreibe oben auf das Blatt: ›Verlag gegründet.‹«

»Und erstes eigenes Buch veröffentlicht!«, rief ich aus.

»Pass auf, pass auf!«, unterbrach Einstein mich. »Das sind zwei Wünsche. Der Verlag ist eine Sache. Das Buch eine andere. Die solltest du trennen, sonst gibt es Chaos.«

»Okay …«, grummelte ich etwas enttäuscht.

»Beginne auf einem zweiten Blatt: ›Eigenes Buch produziert‹ oben drüber als Überschrift.«

Ich tat wie geheißen. Mann, war das spannend. Und es machte schon wieder richtig viel Spaß.

»So. Was musst du jetzt alles tun, um dein erstes Buch im eigenen Verlag zu veröffentlichen?«

»Ich muss es schreiben.«

»Das ist ein drittes Projekt. Überschrift: ›Buch geschrieben.‹«

»Wieso das denn?«

»Erstens: Du schreibst ein Buch. Zweitens: Du gründest einen Verlag. Drittens: Du produzierst das Buch in deinem Verlag.«

Mir wurde mulmig. Aus einem gefühlten Traum waren drei konkrete Großprojekte geworden. »Hey!«, protestierte ich. »Ich will Träume umsetzen, nicht immer neue erfinden.«

»Ich sagte es ja: Nachdenken ist anstrengend. Hab Geduld. Am Ende wird dir die Aufgabenteilung helfen, alles umzusetzen. Es ist ganz einfach.«

»Ist es nicht!«

»Konzentrieren wir uns kurz auf das Projekt ›Ein Buch schreiben‹. Was braucht es?«

»Eine Idee. Ein Thema. Dann muss ich es noch schreiben.«

»Gut, richtig. Ich empfehle dir ganz dringend: Nachdem du das grundsätzliche Thema hast und vielleicht eine grobe Inhaltsübersicht, dann solltest du eine Gliederung erstellen.«

»Egal, ob ich ein Sachbuch oder einen Roman schreibe?«

»Völlig egal. Ohne Gliederung führt es ins Chaos.«

»Also: Idee. Inhaltsübersicht. Gliederung. Schreiben. Was noch?«

»Lektorieren.«

»Gehört so etwas nicht zu den Aufgaben des Verlages?«

»Wenn du ein Genie bist und die erste Fassung perfekt ist. Ansonsten sind Überarbeitungen sinnvoll.«

»Gut. Ist doch sogar in der richtigen Reihenfolge. Das war es für das Projekt ›Buch geschrieben‹. ›Einen Verlag gründen‹ ist aber jetzt viel schwerer.« Ich tippte auf meinen

Zettel Nummer eins. »Ich brauche ein schönes Buchcover.«

»Das Cover gehört zur Buchproduktion. Aufschreiben auf Zettel drei: ›Cover gestalten‹. Willst du das Cover selbst gestalten oder einen Grafiker dafür engagieren?«

»Einen Profi kann ich mir erst einmal nicht leisten. Ich muss es selbst machen.«

»Okay. Aufschreiben: ›Cover gestalten.‹ Was braucht es, um so ein Cover zu gestalten?«

Uff. Jetzt hing ich. Was sollte es brauchen? Eine gute Idee!

»Na, neben der Idee«, erriet Einstein wieder meine Gedanken. »Was musst du können, um ein Cover für dein Buch zu gestalten? Ebenso wie für den Inhalt des Buches?«

»Ich … muss lernen … wie … wie ich das mache?! Das Layout! Ich muss layouten lernen.« Im nächsten Augenblick war die Luft aus dem Sack. »Ich muss Grafikdesign studieren!«, hauchte ich völlig ernüchtert. Das war viel zu aufwendig.

»Einen Profi kannst du dir nicht leisten. Ein Studium ebensowenig. Aber meinst du wirklich, du musst studieren, um eine Covergrafik zu entwerfen?«

»Weiß nicht …«, murmelte ich. War damit mein Traum vom eigenen Buch bereits am Platzen?

»Du kannst dir auch einfach das Wissen aneignen, wie du ein eigenes Cover entwirfst. Vielleicht bezahlst du ja einen Profi, der dir die fünfzig oder einhundert Einstellungen und Tricks zeigt, die es braucht für ein Cover. Ich meine, muss das Cover gleich einen Preis gewinnen für das schönste Buchcover der Welt?«

»Neee!«, gluckste ich. »Es soll einfach nur nett aussehen.«

»Also: Entweder du machst einen VHS-Kurs für das Layout-Programm, das du brauchst, oder du buchst für zwei, drei Stunden einen Grafiker oder du fragst all deine Freunde und Bekannten, ob sie jemanden kennen, der das kann – und den fragst du dann halt. Menschen helfen Menschen gerne.

Also schreib auf deinen Zettel ›Cover gestalten‹ als einen Punkt und als einen weiteren Punkt: ›Hundert Menschen fragen, ob sie jemand kennen, der das kann.‹«

An dieser Stelle überspringe ich unsere weitere und detaillierte Umsetzung rund um meine vier Träume. Sonst wird es langweilig, solltest du nicht gerade überlegen, einen Verlag zu gründen und ein Buch zu veröffentlichen. Wichtig ist, dass du den Prozess verstehst. Am Ende hatte ich vier Zettel, gefüllt mir ungefähr zweihundert Punkten. Wild durcheinander. Das deprimierte mich wieder. So unendlich viele Sachen – nur um mein Buch zu veröffentlichen.

Schließlich folgte noch eine wichtige Lektion meines Mentors, die ich noch hinzufügen möchte. Als ich alle Punkte auf den Zetteln hatte, fragte Einstein: »Jetzt weißt du im Grunde, was es alles braucht, um ein Buch zu schreiben, es herzustellen, einen Verlag zu gründen und das Buch zu veröffentlichen. Jedenfalls soweit du es zurzeit überblickst. Das ist in der Tat ein komplexer Traum. Wundert es dich jetzt noch, dass dein Gefühl diesen Traum intuitiv als ›irgendwie unerreichbar‹ wahrgenommen hat?«

Ich starrte auf meine übervollen Notizzettel.

Mir schwirrte zwar der Kopf, aber gleichzeitig hatte ich das Gefühl von … als würde mir ein Stein vom Herzen fallen. Ein Gefühl der Klarheit begann sich in mir auszubreiten.

Mein Mentor beobachtete mich und nickte sanft: »Unser Unterbewusstsein hat ein ganz gutes Gespür dafür, wie viele Herausforderungen hinter einem scheinbar gar nicht so komplexen Traum verborgen liegen können. Deswegen empfiehlt es oft: ›Belass es beim Träumen! Nachdenken und Umsetzen kosten zu viele Kalorien.‹« Dann kicherte er und griff sich ein weiteres Toffee. »Aber auf *diese* Stimme hören wir nicht, wir Traumtänzer.«

Kapitel achtzehn

Die Traumleiter

Denken ist die schwerste Arbeit, die es gibt.
Das ist wahrscheinlich auch der Grund, dass sich
so wenige Leute damit beschäftigen.

Henry Ford

»Jetzt musst du noch mehr nachdenken. Du hast jetzt alle Punkte gesammelt, die getan werden müssen, um deinen Traum Wirklichkeit werden zu lassen. Nun musst du sie in einer Zeitlinie arrangieren. Stelle dir die Frage, welcher Schritt kommt nach welchem Schritt, damit du den Traum erfüllen kannst?«

»Weil es keinen Sinn macht, Nudelwasser zu salzen, nachdem ich die Nudeln fertig gekocht und abgegossen habe …«

Einstein prustete. Diesmal hatte er sich verschluckt. Ich hatte meinen Guru zum Lachen gebracht. »Exakt, exakt! Was für ein herrliches Bild. Du hast zwar fertige Nudeln, aber wer will die essen – so ungesalzen?«

»Nudeln kochen ist einfach. Doch bei meinen großen Träumen, da weiß ich dann meistens überhaupt nicht, was ich wann wie wo machen muss. Da gieße ich das Wasser ab, bevor ich die Nudeln darin gekocht habe.«

»Herrlich! Ich mag dein Beispiel. Wenn du ein Traumkoch werden willst, musst du sehr genau überlegen: Wasser kochen – Salz ins Wasser – Nudeln ins Wasser – warten – checken, wie weit die Nudeln sind – Wasser abschütten.«

Ich legte meinen Kopf schief: »Nudeln kochen ist kein großes Projekt.«

»Och!«, grinste der Alte »Es gibt Menschen, die können

das nicht. Wer es daheim nie gelernt hat und nie selbst kochen musste, der scheitert an einem Spiegelei. Aber du hast natürlich recht.« Er machte eine Pause, rieb sich die Hände und zeigte dann auf meinen Notizblock. »Hier sind deine Hausaufgaben bis Montag: Bringe all die Punkte auf deinen vier Zetteln in eine logische Reihenfolge. Nummeriere sie zuerst auf dem Zettel durch. Was muss du als Erstes tun? Was dann? Was als Nächstes? Eins. Zwei. Drei. Und so weiter. Bis du am Ziel, zum Beispiel ›Verlag gegründet‹, angekommen bist.«

»Und wenn ich die genaue Reihenfolge noch nicht kenne?«

»Dann nummeriere die Schritte so, wie du *jetzt* meinst, dass die Reihenfolge gut ist. Bei großen Projekten ändern sich die Abfolgen häufig. Du musst oftmals Punkt eins bis fünf umsetzen, um festzustellen, was Punkt sechs bis zehn sind. Manchmal ist der erwartete Punkt zehn auf deiner Liste schon bei sieben sinnvoll. Wenn du dein drittes oder viertes Buch produzierst, dann weißt du die genaue Abfolge. Beim ersten Durchgang lernst du noch. Also nicht den Kopf zermattern. Einfach so untereinander weg, wie du es hier und heute für logisch erachtest.

Wenn du nicht weißt, was die fünf, zehn oder fünfzig Schritte sind, mit denen du dein Projekt umsetzt, dann such einfach den ersten Schritt. Der führt dich dann unweigerlich zu der Frage …«, er schaute mich mit großen Augen an.

»… was ist der nächste Schritt, um weiterzukommen?«

»Genau. Du lebst und arbeitest nicht mit Blick auf die Alpen, indem du den Wunsch formulierst und dir die Details ausmalst, sondern indem du die Leiter Sprosse für Sprosse erklimmst.

Manchmal kannst du schon jeden Schritt, jede Sprosse

planen. Du weißt also, was die zehn oder hundert notwendigen Schritte sind, um an dein Wunschziel zu gelangen. Du kannst das Ziel schon sehen, alle Schritte sind dir klar.

Bei anderen Leitern kannst du oftmals nur die vor dir auftauchende nächste Sprosse sehen. Die erklimmst du. Dann schaust du, was oder wo die nächste Sprosse sein könnte und fragst dich: Wie komme ich die hinauf? Und so weiter.

Dabei ist es im Grunde völlig egal, ob die Leiter zehn oder einhundert Sprossen hat. Du hast immer nur mit der Sprosse vor deiner Nase zu tun. Die fünfzehnte Sprosse braucht dich gar nicht interessieren, wenn du auf Sprosse drei stehst. Auf Sprosse drei ist deine Aufgabe: die Sprosse vier zu erklimmen.«

»Ich glaube, ich weiß bei den meisten meiner Träume nicht, was die nächsten zehn Schritte sind.«

»Das ist ganz normal. Wenn du Bundeskanzler werden willst, dafür gibt es einfach keine Anleitung. Da hast du Tausende Sprossen hochzusteigen. Hunderte Bücher zu lesen. Tausende Menschen zu treffen und von ihnen zu lernen. Was du brauchst, ist dein Wunsch, das Ziel und der Mut, dir die Frage zu stellen, was der nächste Schritt ist.«

»Und viel Geduld …«, schnaubte ich.

»Oh, ja. Große Aufgaben fordern fast immer noch größere Geduld. Stell es dir wie eine Prüfung vor.«

»Was für eine Prüfung?«

»Vielleicht wünscht sich jemand ein ganz teures Auto. Vielleicht eines für eine halbe Million Pfund. Viele haben so einen Traum. Würden sie sich die Frage stellen, wie sie in den Besitz eines solchen Autos kommen, dann wäre die Antwort: »Viel Geld haben, um es bezahlen zu können.« Dann stellen sie sich die Frage, wie sie an so viel Geld kommen könnten.

Manche Menschen wollen so ein Auto unbedingt besitzen. Sie finden Wege, um das Geld dafür zu verdienen. Die meisten Menschen aber denken sich dann: ›So einen Aufwand will ich nicht treiben, um das Auto zu besitzen. Das ist es mir nicht wert.‹«

»Das geht mir mit meinem Wunsch nach einem tollen Motorrad so. Ich habe keinen Bock, mich dafür krumm zu legen. Da hänge ich lieber mit Freunden ab oder kümmere mich um Träume, die mir wichtiger sind.«

»Das geht vielen so! Manch einer, der von so einem teuren Wagen träumt, wird feststellen: Wenn ich eine halbe Million hätte, würde ich vielleicht doch lieber ein Haus damit bauen. Oder um die Welt reisen oder was auch immer. Und plötzlich ist da gar nicht mehr so richtig der Wunsch nach dem neuen Superwagen. Es ist nur so eine nette Idee. Der Traum ist ihnen bei näherem Nachdenken gar nicht genug wert, um ihr ganzes Leben und Streben für seine Erfüllung zu investieren.«

»Von einer halben Million könnte ich zwanzig Jahre unabhängig leben!«, kam mir der Gedanke.

»Siehst du! Ganz viele unserer Wünsche und Träume geraten in Bewegung, wenn wir den Mut haben, wirklich über sie nachzudenken und zu überlegen, wie wir sie umsetzen können. Oft stellen wir fest: ›Das ist mir viel zu kompliziert – da sind mir andere Träume wichtiger.‹«

»Heißt das dann nicht, mein Herz zu verraten?«

»Aber nein. Du bist ja in diesem Prozess immerzu im Austausch mit deinem Herzen. Du fragst es: ›Willst du das wirklich?‹ Du sagst deinem Herzen: ›Es geht schon, ich könnte das ganze Geld für ein Motorrad verdienen. Aber dafür muss ich einen Preis bezahlen.‹ Dann lausche mal, was dein Herzhören dazu sagt.«

»Mein Herzhören sagt: ›Spar für ein gebrauchtes‹«, lachte ich, weil ich sofort spürte wie mein Herz freudig hüpfte.

»Wunderbar. Siehst du, das ist das Gegenteil davon, dein Herz zu verraten. Manche denken auch, diese Stimme sei der fiese innere Kritiker. Ist er nicht. Es ist das Herz. Du fragst: Was ist mir wirklich wichtig? Manchmal hat unser Herz doch tatsächlich auch einfach so irgendwelche Ideen, die bei näherer Betrachtung nicht realisiert werden wollen. So etwas passiert in jedem kreativen Prozess. Von zehn Ideen hat vielleicht eine Kraft. Von einhundert Träumen haben vielleicht zwei oder drei oder sogar auch nur einer das Potenzial, ein Gamechanger zu sein. Ein Traum, der dein Leben verändert.

Aber werden wir mal konkret. Basteln wir eine kleine Traumleiter aus deinem Buch-Verlags-Traum. Was kommt als Allerallererstes?«

»Ich schreibe das Buch!«

»Sehr gut. Vielleicht merkst du beim Schreiben, dass du es doch lieber einem Verlag anbieten möchtest. Bleibst du bei deinen Verlegerplänen, was kommt nach dem Schreiben – oder auch parallel dazu?«

Ich schrieb untereinander in mein Traumbuch:

1. Buch schreiben.
2. Verlag gründen.
3. Buch herstellen.
4. Buch veröffentlichen.

»Das war einfach.«

»Ja, war es. Bis Montag bringe all die vielen Punkte auf deinen vier Zetteln in eine logische Reihenfolge – soweit du sie überblicken kannst.«

»Ruft schon wieder die Freude?«, fragte ich mit Blick auf die Wanduhr.

»Wie ist es bei dir?«

Ich war aufgeregt. Mein Buch-Verlags-Traum war echt komplex. Aber irgendwie freute ich mich darauf, ihn angehen zu können. Er war nach diesen Lektionen nicht mehr so eine magische, ferne ›Ich-würde-ja-Gerne‹-Sehnsucht. Mein Traum bestand aus ungefähr einhundert Teilschritten, mehr oder weniger großen. Keiner davon schien unüberwindbar. Aus der mystischen Magie der Sehnsucht war der Zauber der Logik geworden. Und ich war der Zauberlehrling.

»Die Freude ruft!«, lachte ich.

Kapitel Neunzehn

Wie du den Mount Everest besteigst

Wir, die wir bloß Stein behauen, müssen immer Kathedralen vor den Augen haben.

Credo der Steinmetze im Mittelalter

»Wie besteigst du den Himalaya und dort den Mount Everest? Der Berg erscheint gigantisch, oder? Sicher noch gigantischer, als ein Buch zu schreiben, zu layouten und im eigenen Verlag zu veröffentlichen. Auf jeden Fall gefährlicher.« Das war ein furioser Auftakt. Mein Meister hatte diesmal völlig auf das Rumplaudern verzichtet und knüpfte gleich an meiner Traumdenken-Aufgabe vom Wochenende an.

»Wenn ich ehrlich bin, frage ich mich gerade, ob ich all das wirklich will – so große Träume realisieren. Was das alles an Herausforderungen mit sich bringt …«

»Das kannst du in aller Ruhe klären. Du kannst zu jedem der vier Projekte immer mal wieder traumtauchen. Auch nachdem du die Traumleiter mit den Aufgaben befüllt hast. Alles ist bei diesem System in Bewegung. Es ist lebendig. Die Reihenfolge ist ein Leitfaden, nach dem du individuell entscheidest, was du wann machst oder wiederholst.

Vielleicht findest du so heraus, dass du für dein fertiges Buch doch lieber einen Verlag suchst. Der kümmert sich dann auch um das Layout und alles. Das ist bisher der normale Weg, ein Werk zu veröffentlichen. Autoren, die ihre Bücher selbst verlegen, so etwas wird erst in Zukunft zur Normalität. Mit dem Internetdings und so.«

Was war das wieder für eine Ansage? Ein bisschen unheimlich war es schon, dieses Genie. Dazu musst du wissen: Internetzugang war damals noch das mit dem Einwählen, Piepen, Pfeifen, ewigen Ladezeiten und Wieder-Rausfliegen.

»Es gibt da einen netten Weisheitssatz, den kennst du vermutlich: ›Auch eine Reise von tausend Meilen beginnt mit einem ersten Schritt.‹ Was sagt dir dieser Satz? Was musst du tun?«

»Meine vier Projekt mit über zweihundert einzelnen Todos mit einem ersten Schritt beginnen?«

»Wieso stellst du eigentlich so oft ein Fragezeichen hinter deine Sätze? Du weißt es doch. Mach da mal Punkte hin. Ich bin dein Mentor, nicht deine Nanni.«

»Wenn ich das Traumdenken mache und alle Schritte in die Traumleiter sortiere … da bekomme ich Bammel. Das schaffe ich nie alles.«

»Was hältst du von *Respekt* statt *Bammel*? Wer sich an so große Träume wagt und sich all diesen Aufgaben stellt – so etwas traut sich längst nicht jeder. Die Aufgabe und der Träumer – beide verdienen Respekt.

Doch zu deinen Sorgen: Du musst gar nicht *alles* schaffen. Der Trick ist, dass du immer nur *eine Sache* erledigst: den nächsten Schritt. Nach der Planungsphase, wenn du deine Traumleiter befüllt hast, solltest du nicht immerzu auf all die vielen Aufgaben schauen. Schaue nur auf diese zwei: ab und zu auf dein Ziel. Und immer auf den nächsten Schritt, die nächste Sprosse auf deiner Leiter.

Frage dich außerhalb der Planungsphasen nicht mehr, wie du das alles hinbekommen sollst. Frage dich einfach nur: Was ist der eine nächste Schritt? Und den erledigst du dann.«

»Und dann den nächsten. Den nächsten und wieder, bis ich das Ziel erreicht habe.«

»Ganz genau. Kein Mensch schreibt ein Buch. Man schreibt ein Kapitel. Oder eine Seite. Und dann die nächste Seite. Das nächste Kapitel. Viele Seiten und Kapitel ergeben dann irgendwann ein Buch.« Einstein schaute mich forschend an. In mir tobten die Gefühle. Es klang alles so einfach. Das konnte doch nicht sein.

»Es *ist* im Grunde einfach. Wichtig bei deinem Aufstieg ist: Lege immer wieder Pausen ein. Halte inne und prüfe, ob deine Pläne noch stimmen. Ob Schritte hinzugekommen sind. Oder ob sich, wie bei deinen Großeltern, Schritte erübrigt haben. Dann fokussiere wieder die nächste Sprosse auf der Leiter. Den nächsten Schritt.« Er machte eine lange Pause. »Womit-fängt-jede-Traumerfüllung-an?«

»Traumtauchen. Notizen machen. Traumdenken und schauen, was es alles braucht. Es aufschreiben«, sagte ich eher zu mir selbst als zu ihm.

»Und dann, wie geht es los?«

»Ich muss herausfinden, was der erste Schritt ist, damit das Projekt in Bewegung kommt …«

»So, jetzt pass gut auf. Es liegt in der Natur der Sache, dass du, bevor du den Mount Everest besteigst, noch lange nicht alle Schritte kennst, die nötig sind, um oben anzukommen. Die meisten Sprossen auf der Traumleiter kannst du am Start noch gar nicht erkennen, von da, wo du startest. Die ist fast neun Kilometer hoch, diese Leiter auf den Everest. Damit du dich nicht verrennst, musst du nun alle paar Schritte eine Pause einlegen und zurücktreten.«

»Dann stürze ich von der Leiter!«

»Scherzkeks! Bei großen Träumen, großen Projekten kann sich während der Umsetzung ständig etwas verändern. So wie du neulich festgestellt hast, dass du vielleicht gar nicht ein Jahr in den Alpen leben musst. Es könnten auch die Rocky Mountains sein. Du trittst also zurück.

Dann fokussierst du das Ziel. Dann fragst du dich und deine Traumleiter: Der nächste Schritt, den ich geplant habe, ist das noch einer, der mich dem Ziel näherbringt?«

»Und was ist, wenn ich feststelle, dass ich von der Zielgeraden abgekommen bin? Das kann ich nämlich sehr gut, mich auf dem Weg total verzetteln.«

»Dann stellst du dir wieder die Frage: Was ist jetzt der nächste Schritt? Dabei stellst du zwangsläufig und immer wieder fest: Du bist auf einen Teil der Leiter gestiegen, der nicht Richtung Traumziel führt. Das geht bei größeren Projekten ziemlich einfach. Der Fachausdruck dafür ist ›sich versteigen‹.« Einstein zwinkerte mir zu. »Traumtänzer steigern sich gerne in Nebensteigungen hinein.«

»Genau das ist meine größte Sorge. Deswegen war ich doch am Strand. Ich habe so eine Sorge, Lebenszeit, Geld und Energie in einen Weg zu investieren, nur um irgendwann festzustellen: Ich stehe auf der falschen Leiter.«

»Das geht nicht. Du kannst nicht auf einer falschen Leiter stehen. Nicht als Traumtänzer.«

So etwas Ähnliches hatte Anni schon gesagt, als sie von ihrer ersten Ehe und ihrem vorherigen Leben berichtete. Irgendwie war das aber tief in mir drin. Heute weiß ich: Viele Menschen haben eine ähnliche Blödel verinnerlicht. Wenn irgendetwas nicht auf geradem Weg zum geplanten Ziel führt, dann ist es ein falscher Weg. Also hakte ich nach: »Bitte? Ich habe zwei Semester an der Uni Scheine gerissen und dann haue ich ab an den Strand. Da war ich doch wohl auf der falschen Leiter!«

»Du hast mir erzählt, dass du da ziemlich erfolgreich studiert hast. Das Studium an sich hat dir Spaß gemacht.«

»Ja klar. Aber ich hatte dann keine Idee, wo es hinführt. Ob es für mein Leben das Richtige ist. Die richtige Richtung. Ich merkte, dass ich auf der falschen Leiter bin.«

»Das ist nicht die falsche Leiter gewesen. Ohne diese Erfahrungen an der Uni wärest du nicht am Strand gelandet. Ohne deine Visionssuche nicht beim Nachmittagstee. Ohne Nachmittagstee nicht beim Erfahrungsstand in Sachen Träume-Realisieren, den du jetzt schon hast. Ohne Uni kein Einstein …« Er wackelte belustigt mit seinem Schnurrbart. Inzwischen erwartete ich dieses Schauspiel mindestens einmal pro Teenachmittag.

Ich überlegte eine lange Weile. Meine Gedanken gingen zurück zur ersten Begegnung mit Einstein während der Morgendämmerung am Strand: Ich hatte mir dort vorgenommen, meine Visionssuche nicht als gescheitert zu betrachten.

»Solange du in Bewegung bleibst, wenn du spürst, dass sich auf deiner Lebensleiter etwas nicht stimmig anfühlt, solange waren all die Sprossen vorher keine falsche Leiter. Sie waren die Voraussetzung für deine Erkenntnis. Sie waren die Voraussetzung für alles, was danach kam. Verstehst du? Du musst Träume ausprobieren, um festzustellen, ob sie zu dir passen oder nicht.«

»Vielleicht steige ich auf den Mount Everest und stelle fest: Das hat mir jetzt nicht so viel gebracht, wie ich gehofft hatte?«

»Genau. Doch dank dieser Erkenntnis war die Herausforderung kein falscher Weg. Sei dir bewusst, was du alles gelernt hast, bis du da oben ankommen konntest! Es wird dir und deinem Leben nicht schaden, diese Erfahrungen gemacht zu haben. Außerdem weißt du dann: Berge besteigen macht mich nicht so glücklich, wie ich vermutet habe.«

Es sollten viele Jahre vergehen, bis ich realisierte, was für ein lebendiges und anpassungsfähiges Konzept ich hier von meinem Guru gelernt hatte. Es war im wahrsten Sinne des Wortes ganzheitlich. Solange ich das Leben achtsam wahrnahm und meinem Herzen folgte, führte es unweigerlich dazu, dass ich lernte. Egal, was geschah, es nährte mein Herz.

Was ich hier von Einstein lernte, war nicht nur eine Bedienungsanleitung zum Träume-Realisieren. Es war viel mehr. Ich erhielt ein funktionierendes Konzept, wie man ein wundervolles Leben lebt.

Kapitel Zwanzig

Wie du tausend Träume lebst

Mach' dir keine Sorgen wegen deiner Schwierigkeiten mit der Mathematik. Ich kann dir versichern, dass meine noch größer sind.

Albert Einstein

Anni spürte meine miese Laune sofort, als ich die Küche an diesem Morgen betrat. Das war keine Kunst. Meine Schultern wetteiferten mit meinen Mundwinkeln im Herunterhängen. Neben meinen inzwischen einhundertneunundachtzig Träumen auf der Tafel hatte mein Traumdenken zweihundert To-dos hervorgebracht. Fünf weitere mittlere Projekte, in die ich getaucht war und über die ich nachgedacht hatte, brachten weitere neunzig To-dos. Insgesamt also zweihundertundneunzig. Erster Schritt hin oder her. Himalaya hoch und runter, gut und schön – ich hatte mächtig Albdrücken.

»Wo drückt der Traumschuh?«, fragte mich meine doppeldoktorige Küchengöttin mit dem inneren Leuchten. Ich erzählte vom Gefühl des Überwältigtseins im Angesicht all der Möglichkeiten, aber eben auch der Aufgaben.

»Ich glaube, da müssen wir noch einmal ein bisschen an deinem Mindset justieren … wenn du magst«, begann sie und stellte die Pfanne auf den Herd. Sofort hob sich meine Laune. Gutes Essen und Blödeln-Jagd – eine unwiderstehliche Kombination.

»Du nimmst all deine Träume und die für ihre Umsetzung notwendigen Schritte als *Must-dos* wahr.«

»Ich will ein wildes Leben führen. Die Träume kommen aus meinem Herzen. Sie sind doch *Must-dos*.«

»Nur wenn du sie so sehen willst. Nur wenn du komplett zielfixiert bist. Wenn du jedoch zwei oder drei Räder in deinem Kopf justierst, dann ändert sich dein Blickwinkel. Dann sind das keine Aufgaben im Sinne von Verpflichtungen, die du da vor dir hast.«

»Was sind sie dann?«

»Möglichkeiten, Spielzüge und Erfahrungsabenteuer. Sie sind das Ziel.«

»Du hörst dich an wie diese Erfolgsgurus.«

»Manchmal haben die auch recht. Die Techniken und Gesetze, mit denen du bei Albert E. das Traumtanzen lernst, sind weitgehend identisch mit vielen Ansätzen der Motivations- und Erfolgsbranche. Manche Gurus ignorieren nur leider wegen ihres Tunnelblicks die charakterlichen Eigenschaften der Tausendträumer. Erfolgsprofis sind meistens hoch disziplinierte und fokusbegabte Persönlichkeiten. Oder sie konnten sich das antrainieren. Viele behaupten zwar, sie würden sich für alles Mögliche interessieren. Tatsächlich aber haben sie einen Hauptfokus. Wenn so einer eine Anleitung aufstellt, dann funktioniert die für uns Tausendträumer vielleicht eine Woche, einen Monat oder ein Jahr. Spätestens dann bleiben wir hängen. Aber nicht weil *wir* scheitern. Sondern weil die Anleitung *für uns* nichts taugt.«

»Aber wir machen uns Vorwürfe, dass wir zu undiszipliniert sind oder nicht wissen, was wir wollen.«

»Das ist die Folge eines verschobenen Blickwinkels. Für Tausendträumer ist die Belohnung eben eine andere als für linear denkende Erfolgsgurus. Wir beiden hier …«, Anni zeigte mit drei Würstchen in der Hand zwischen sich und mir hin und her, »… für uns ist Ruhm und Geld nicht die Belohnung. Albert E. interessiert beides auch nicht. Er schätzt nur sehr, was sie ihm ermöglichen.«

Ich fragte mich gerade, ob ich Einsteins Einladung am Strand gefolgt wäre, wenn er nicht ausgesehen hätte, wie er aussah. »Wie bekomme ich denn jetzt einen anderen Fokus? Ein anderes Mindset?«

»Entspannung!« Sie blickte erstaunt auf die Würstchen in ihrer Hand: »Die sollten in die Pfanne.« Schon brutzelten sie im Butterfett.

»Wir haben, wenn wir Stress durch irgendetwas bekommen, meistens die falschen Ziele. Wenn dir deine tausend Träume Stress machen, dann weil du meinst, sie alle umsetzen zu *müssen*. Damit kommt die Sorge, es nicht zu schaffen. Stimmt es?«

»Aber wie!«

»Ich glaube, Albert E. hat heute ›Den Traumkalender‹ auf deinem Programm. Da wird es auch um das Thema gehen. Mach dich nicht verrückt. Du bist jung. Du wirst sehen, du kannst enorm viele deiner Ideen umsetzen. Vor allem aber: Übe dich in Entspannung und richte deine Aufmerksamkeit nicht auf die Tafel, sondern auf die Freude beim Tun. Egal, wie viel du schaffst. Wichtig ist, es zu probieren. Aktiv zu sein, das Leben nicht an dir vorbeiziehen zu lassen.«

»Wenn ich an den alten Mann auf der Sterbestation zurückdenke … ich glaube, der wäre schon glücklich gewesen, wenn er es nur probiert hätte. Einfach mal aus seinem Hamsterrad raus. Dem wäre womöglich egal gewesen, ob er tausend Träume umsetzt oder nicht. Der hätte sich gefreut wie Bolle, wenn er nur den Mut gefunden hätte, es einfach auszuprobieren …«

»Siehst du«, sagte Anni durch das Brutzeln hindurch. »*Das* ist ein anderes Mindset.«

Als ich später am Nachmittag ins Atelier kam, sagte

Einstein erst einmal gar nichts, nachdem er mich begrüßt hatte. Er goss uns einen Tee ein und setzte sich in seinen Sessel, während ich vor der riesigen Tafel stand und mich hauptberuflich hilflos und dumm fühlte. »Wie alt bist du, Tausendträumer?«

»Ich werde im Sommer vierundzwanzig Jahre alt.«

»Dann hast du statistisch gesehen noch ungefähr sechzig Lebensjahre vor dir. Tanze deine Träume und es könnten mehr werden. Traumtanzen ist gut für die Gesundheit.«

Das klang aus meiner damaligen Sicht nach viel: sechzig Jahre. Meine Gedanken sprangen in das Altenheim. Zu den über Neunzigjährigen, die plötzlich feststellten, dass ihr Leben vorbei war. In mir kochte sofort wieder die Panik hoch, ich könnte ebenso enden.

»Hast du Lust auf ein kleines bisschen höhere Mathematik?«, fragte mich Einstein.

Vermutlich sah ich in diesem Moment so aus wie meine Mathenoten an der Schule: verzweifelt.

»Ah, keine Sorge! Höhere Mathematik ist die Mathematik der Gefühle und Visionen. Um sie zu verstehen, benötigst du nur die vier Grundrechenarten. Plus, Minus, Durch und Mal.«

Ich atmete aus. Beim Stichwort Mathematik hielt irgendetwas in mir sofort den Atem an. Addieren, subtrahieren, dividieren und multiplizieren mochte – und konnte! – sogar ich. Vermutlich, weil ich es verstand. Der Rest der Mathematik war für mich ein Paralleluniversum, dessen Sinn für mein Leben mir ein Rätsel war. Aber Multiplizieren und Addieren? »Das kann sogar ich!«, rief ich etwas stolzer, als es vielleicht klingen sollte.

»Was ich dir jetzt zeige, ist ein Schlüssel zu einem überaus erfolgreichen Leben. Was du brauchst, ist die Fähigkeit, weiter rechnen zu können, als du fühlen kannst.«

Du kannst dir sicher vorstellen, wie gespannt ich jetzt war. Wieder ein Geheimnis eines erfolgreichen Lebens. Mein Mentor stand auf und lief zu einem Flipchart auf Rollen. Den zog er näher an den Teetisch. Dann schlug er eines der großen Blätter, ebenfalls mit Zahlen und Formeln vollgeschrieben, nach hinten. »Hast du Annis Kekse da probiert?«, er wies auf die Etagere. »Die sind köstlich. Probier sie, probier sie! Mathematik liebt Kekse.«

Ich tat wie mir geheißen. Das Gebäck war lecker! Anni war einfach der Hammer. Und dann lernte ich höhere Mathematik. Ich. Fünf minus war meine letzte Schulnote in dieser, meiner Königsdisziplin, gewesen.

»Wenn wir uns mit unseren Träumen, Wünschen und Visionen beschäftigen, so denken wir in der Regel in sehr kleinen Zeiträumen. Die allermeisten Menschen überschauen gerade ein Lebensjahr. Das ist der Zyklus, den unsere Erde und der Lauf der Sonne vorgeben. Tatsächlich aber planen viele kaum weiter als bis zum nächsten Wochenende. Plus einiger Fixpunkte wie Urlaube, Weihnachten, Jubiläumsfeiern und so.«

Ich hörte gebannt zu. So weit verstand ich.

»Wenn wir so wie du einhundertneunundachtzig Träume, Wünsche und Visionen vor uns sehen …«

»… und zweihundertneunzig Aufgaben für nur insgesamt neun mittlere bis größere Träume!«, warf ich ein.

»… dann schauen wir mit dem emotionalen Niveau eines Kindes kurz vor Weihnachten auf unsere Situation. Schon am ersten Advent können wir es kaum erwarten bis Weihnachten und bis zur Bescherung. Die vier Wochen erscheinen uns ewig lang. Wir sind aufgeregt und ungeduldig. Mit derselben emotionalen Kindlichkeit betrachten Tausendträumer ihre Träume. Sie sehen sie nur mit ihrem Gefühl. Das Gefühl will die Träume möglichst alle gleichzeitig oder doch sehr bald umgesetzt wissen. Was selbstverständlich nicht geht. Interessanterweise sind viele Menschen nicht in der Lage, ihre Bedürfnisse und deren Befriedigung in eine fernere Zukunft zu denken.

Du hast ›Die Welt retten‹ auf deiner Wunschliste stehen. Das Kind in dir würde das gerne bis nächste Woche getan haben. Es hat kein Gefühl dafür, dass die Rettung der Welt durchaus fünfzig Jahre oder länger dauern könnte.«

Ich trank, aß und hörte zu. Ich konnte seiner Mathematik der Träume immer noch folgen. Das fand ich gut.

»Wie lange braucht man, um einen Beruf zu lernen?«, fragte Einstein mich.

»Keine Ahnung, kommt auf den Beruf an. Drei Jahre für eine Ausbildung vielleicht. Vier bis fünf Jahre für ein intensives Studium?«

»Das würde für dich heißen, dass du in fünfzig Jahren ungefähr fünf bis sieben Ausbildungen absolvieren und dann noch einmal dieselbe Zeit in jedem erlernten Beruf arbeiten könntest.«

»Das …«, ich rechnete nach, aber es war nicht die Mathematik, die mich gerade verwirrte, sondern die simple Logik, »… ist richtig?!« Natürlich fiel meinem Gehirn etwas ein, um zu widersprechen: »Ich kann doch mit siebzig keine Ausbildung mehr besuchen …«

»Wer sagt das?«, fragte Einstein und guckte mich mit blitzenden Augen an.

»Ja, aber mit siebzig …«

»Klar, wenn du dein Leben lang frustriert nur einen Job machst, den du nicht liebst, keine Bücher liest, nicht auf deine Gesundheit achtgibst und in deiner Komfortzone verharrst. Aber wenn du das hier dein Leben lang intensiv benutzt …«, er tippte an seinen Kopf, »… und das hier …«, er tippte auf seine Herzgegend, »fit und offen für die Welt hältst, hast du gute Chancen, mit siebzig schneller zu lernen, als du es heute kannst.«

»Ach komm!«, protestierte ich. Ich konnte, ja, wollte das irgendwie nicht glauben. Eigentlich waren so ziemlich alle alten Leute, die ich kannte, verschroben und irgendwie unflexibel. Allerdings musste ich vor mir selbst zugeben, dass ich bisher keinen Einstein kannte. Überhaupt: Alte Leute, die mir erzählten, das Leben sei ein wilder Ritt und man solle ihn am besten ohne Sattel probieren, hatte ich bis dahin so oft getroffen: null Mal.

Mein Mentor nickte grimmig. »Du denkst, alte Leute können nicht lernen. Klar, bei deinen Erfahrungen. Ich erzähle dir mal etwas: Ich habe diesen Sommer zwei Kurse belegt. ›Kräuterheilkunde nach Hildegard von Bingen‹ sowie ›Tango für Fortgeschrittene.‹« Er schaute mich ruhig an. Was sollte ich da sagen? Mir fiel nichts Besseres ein, also fragte ich ihn: »Wie alt bist du eigentlich?«

»Immer jung genug für schöne Träume.«

»Wahnsinn.«

»Nein, Wahnsinn ist, was die meisten Menschen *nicht* aus ihrem Leben machen. Das menschliche Gehirn ist zum Lernen konzipiert. Wirklich viele Menschen hören damit nach ihrer Ausbildung auf. Fortan fürchten sie das Lernen. Das liegt an schlechten Lernerfahrungen, die besser *Nicht*lernerfahrungen heißen sollten. Dabei will unser Gehirn lernen. Das ist seine Bestimmung.«

»Tja, dann muss ich mich ja wirklich nicht entscheiden. Ich könnte alle sechs Ausbildungen absolvieren, die in meiner Traumliste stehen.«

»Wie fühlt sich dieser Gedanke an?«

Und wieder: Das Herzhören. Ich spürte in mich hinein. Der Gedanke kitzelte mich in den Wangen. »Es fühlt sich fröhlich an. Als gäbe es keine Grenzen.«

»Keine Grenzen! Gut. Dann lassen wir das jetzt mal mit den größten Träumen wie Ausbildungen und Berufen. Eine Nummer kleiner: zum Beispiel eine Weltreise. Davon träumen tatsächlich viele Menschen. Doch es bleibt bei den Träumen. Sie fahren lieber zwei- oder dreimal im Jahr sonst wo hin. Überzeugt davon, sich eine Weltreise nie leisten zu können.«

»Na ja, ist doch auch so. Eine Weltreise ist teuer.«

»Es gibt Menschen, die wandern um die Welt. Andere reisen per Anhalter. Oder fahren mit dem Fahrrad. Wieder andere nehmen sich ein oder zwei Jahre Zeit und arbeiten unterwegs, um sich die Reise zu verdienen. Oder sie arbeiten für Kost und Logis.

Eine Weltreise kannst du in zwanzig Jahren zusammensparen. Du musst vielleicht auf andere Dinge verzichten – aber es geht. Das meine ich mit emotionaler Mathematik. Viele Menschen sind nicht bereit, für ihre Träume besondere Herausforderungen auf sich zu nehmen. Zum Beispiel geduldig zu sein. Oder eine Weile auf viel Mittelmäßiges zu verzichten, um am Ende etwas viel Größeres zu gewinnen.«

Da hatte Einstein mich voll erwischt. Ich hatte noch nie daran gedacht, zum Beispiel zehn Jahre für einen Traum zu sparen oder zu planen. Nach dieser Traummathematik hatte ich mit sechzig vor mir liegenden Lebensjahren also noch die Chance, sechs Zehn-Jahres-Projekte umzusetzen. Dabei hatte ich außer ›Die Welt retten‹ gar keinen Traum, der so aufwendig war. Das machte schon wieder Spaß. Wenn ich jeden Tag eine Mark zurücklegte, hätte ich ohne Zinsen in fünfzig Jahren – wow! – 18.250 Mark. Nur zwei Mark am Tag und ich könnte an meinem Lebensende sogar eine Luxuskreuzfahrt um die Welt machen.

Einstein lachte auf: »Zwei *Euro* am Tag in Aktien angelegt und du hast im Alter die eine oder andere Million auf dem Konto.«

Wieso wusste dieser verschrobene alte Kauz, was ich dachte? Und was meinte er mit *Euro*?

»Nehmen wir mal deine mittleren Wünsche. Da steht ›Fechten lernen‹ auf deiner Tafel, außerdem ›Schwertkampf mit dem Breitschwert lernen‹. Wie gut möchtest du das denn lernen? Olympianiveau?«

»Neee!«, musste ich lachen. »Ich will nur so ein bisschen lernen. Mich fasziniert einfach, wie man mit einer Klinge eine andere Klinge abwehren kann. Und wie ich trotz der Aufregung, weil mich einer abstechen will, konzentriert bleibe.«

»Gut! Siehst du, das ist es, was Traumtauchen und Traumdenken mit sich bringen können. Du wirst dir klar darüber, wie tief du in ein Projekt einsteigen möchtest. Was eigentlich dein genaues Ziel ist. Was glaubst du: Wie lange brauchst du, um so viel über das Fechten zu lernen, wie du möchtest?«

»Keine Ahnung? Kommt darauf an.«

»Worauf?«

»Wie intensiv ich lernen kann?«

»Also, ob du den ganzen Tag lernst und übst wie in einer Ausbildung oder ob du in einem Sportverein einmal die Woche übst?«

»Ja! So ungefähr?«

»Was ist dein Gefühl? Das ist entscheidend …«

»Keine Ahnung. Vielleicht ein Intensivkurs? Vier oder fünf Tage? Ich will ja nicht in einen Verein mit alldem, was da dranhängt. Einfach nur ein bisschen probieren, denke ich mir.«

Einstein strahlte mich an: »Fünf Tage! Fünf Tage für die Befriedigung eines mittleren Traums. Und solltest du doch mehr lernen wollen, weil dir das Fechten dann so viel Spaß macht, was hindert dich, noch einen oder zwei weitere Kurse für Fortgeschrittene zu besuchen? Oder dann einem Fechtverein beizutreten?«

»Nichts!?«

»Liege ich falsch, wenn ich es für realistisch halte, dass du dir alle zwei bis drei Monate so einen mittleren Traum erfüllen könntest?«

»Hört sich realistisch an.«

»Das sind bei zwei bis drei Monaten für ein Projekt mittlerer Größe vier bis sechs Projekte im Jahr, richtig?«

»Richtig!«

»Oder 200 bis 300 in den kommenden fünfzig Jahren?«

Da machte ich nur »Oh!«. Das waren viele.

»Ja, oh!«, lachte Einstein. »Der Trick ist zudem: Du kannst dein Fechten in fünf Tagen irgendwann im Urlaub lernen, während du eine von deinen sechs großen Berufsausbildungen absolvierst. Oder wenn du ein paar Jahre im Beruf arbeitest. Die kleinen, die mittleren und die großen Träume sind fast immer parallel umsetzbar. Schau …«, er sprang auf und zeigte auf die Tafel.

»Du kannst als Künstler leben und das zehn Jahre ausprobieren oder fünfzig Jahre.« Einstein tippte auf meinen Wunsch ›Als Künstler leben‹.

»Du kannst während deines Lebens in den Bergen schauen, wo es einen Tauchkurs gibt. In den Bergen gibt es Bergseen. Wo Bergseen sind, gibt es Tauchschulen. So ein Lehrgang dauert einige Tage am Stück oder wenige Stunden einmal die Woche. Richtig?«

Ich nickte. So was von cool richtig!

»Und hier dein Wunsch, eine Whisky-Destillerie zu besuchen … Ich mache das alle zwei Jahre. So eine Führung dauert zwischen zwei und vier Stunden, je nachdem, wie viel Zeit die angeschlossene Verkostung in Anspruch nimmt. Ich kenne bereits über dreißig Destillerien. Und ihre Whiskys.«

»Das klingt alles so einfach!«

Ich wollte den Satz als Widerspruch formulieren, so nach dem Motto: ›Jaja, in der Theorie klingt alles einfach, aber in der Praxis!‹ Doch beim Denken meiner Worte glaubte ich mir den Widerspruch selbst nicht so richtig. »Da muss ich aber planen und zielstrebig vorgehen.«

»Das kannst du doch jetzt. Die Frage ist nur noch: Willst du ein Traumleben führen oder willst du nur davon träumen?«

»Ich will stolz auf mein Leben sein, wenn ich sterbe.«

»Dann sind Planung und Zielstrebigkeit die Schlüssel. Ohne Fokus führst du irgendein Leben. Versteh mich nicht falsch. Dagegen ist rein gar nichts einzuwenden. Viele Menschen sind völlig damit zufrieden, sich durch ihr Leben treiben zu lassen. Es zu nehmen, wie es eben kommt. Das ist doch wunderbar. Es ist rein gar nichts Schlechtes daran. Solange sie die Entscheidung bewusst fällen, diesen Weg zu gehen.« Er machte eine Pause und schaute auf die Tafel mit meinen Träumen. »Wäre das dein Weg?«

Ich spürte ein überdeutliches ›Nein!‹ in mir und schüttelte entschlossen den Kopf. »Auf keinen Fall.«

»Das sieht man an deinen Wünschen. Da sind kaum materielle Güter, von denen du träumst. Du willst lernen. Sachen erleben. Du willst anderen Menschen helfen. Du willst die Welt zu einem besseren Ort machen.«

»Ist das überheblich?«, fragte ich. Immer wieder kam mir die Sorge, ich könnte arrogant wirken, wenn ich dieses einfache Leben mit Ausbildung, Beruf, Familie, Eigenheim, Rente eher fürchtete, als dass ich es als erstrebenswert empfand.

»Wieder so eine schräge Blödel. Es ist so wenig überheblich, solche Träume wie du zu haben, wie es falsch oder schlecht oder was auch immer wäre, mit dem *einen* Beruf, Familie, Eigenheim und Rente glücklich zu werden.«

Ich nickte. »Es gibt da kein Richtig oder Falsch.«

»Natürlich nicht. Wir müssen unserem Herzen folgen. Manche wollen Abenteuer erleben. Für andere ist es das wunderbarste Abenteuer, einen Garten zu bestellen, Kinder zu haben und am Abend mit der Familien Gesellschaftsspiele zu spielen.«

»Das ist ja auch etwas sehr Schönes«, fand ich.

»Alles ist gut und schön in den Augen dessen, der es liebt *und* sich bewusst entscheidet.«

Fünf bis zehn wirklich große Projekte. Wie fünf oder zehn einzelne Leben. Dazwischen zweihundert bis dreihundert mittlere Wünsche. Zwischen denen Platz war für tausend kleinere Träume wie Onkel und Tante zum Essen einzuladen, Destillerien zu besuchen oder ein bestimmtes Buch zu lesen.

Mein Mentor sah mich unverwandt an. »Du hast die Mathematik der Träume verstanden? Es ist nur eine Frage der Perspektive. Aus Sicht der ungeduldigen Gefühle des Kindes in dir sind so viele Wünsche unerfüllbar innerhalb der nächsten wenigen Wochen oder Monate, die es überblickt ...«

»... doch aus der Perspektive eines achtzigjährigen Lebens sind die Möglichkeiten fast unendlich«, ergänzte ich.

»Selbst wenn du vierzig, fünfzig, sechzig oder siebzig Jahre alt bist – solange du hier, hier und hier fit bist ...«, er zeigte auf seinen Kopf, sein Herz und seinen angewinkelten Bizeps, »... gibt es keinen Grund, sich zur Ruhe zu setzen, wenn du nicht willst. Du kannst bis ins hohe Alter ein aktives Leben führen.«

Tja, was soll ich sagen? An diesem Nachmittag bei Albert E. begann ich die Mathematik zu lieben. Es war im Grunde wie mit der Leiter am Mount Everest. Ich musste mich nur auf die Traumauswahl konzentrieren, die ich gerade Wirklichkeit werden ließ. Wenn ich dann wieder einmal beim Blick auf all die anderen Träume, Projekte und To-dos Panik bekam, musste ich nur einen Schritt zurücktreten. Dann sah ich meinen Lebenskalender mit den tausend kleinen, dreihundert mittleren bis großen und fünf oder sechs Riesenträumen.

Ich fand, er sah ganz gut aus, mein Traumkalender.

Da war Platz so viel Platz für meine Träume, Wünsche und Projekte. Der Kalender meines möglichen Lebens sah aus, als könnte es ein wirklich wilder Ritt werden.

Er sah aus, als wäre da Platz für zwei Leben.

Kapitel Einundzwanzig

Traumhafte Freunde

Menschen, die verrückt genug sind zu denken, sie könnten die Welt verändern, sind diejenigen, die es auch tun.

Steve Jobs

Der dritte Samstag meiner Zeit in der Traumschmiede. Ich war echt aufgeregt. Mein Mentor hatte angekündigt, dass Freunde von ihm zu Besuch kommen würden. Keine Ahnung, wer das sein sollte. Ich ging einfach davon aus, Einsteins Freunde mussten ein ganz besonderes Kaliber Mensch sein. Ich lag allerdings völlig falsch. Sie waren allesamt total normal. Genauso normal wie Einstein.

Als ich das Atelier betrat, saß Isabella mit einer älteren Frau und einem indisch aussehenden Mann ins Gespräch vertieft am Teetisch. Einstein stand mit zwei weiteren Männern an seinem Schreibtisch und war über einigen Papieren am diskutieren. Ganz ehrlich: Die sahen nicht anders aus als die Menschen bei einem Kaninchenzüchter-Treffen. Ganz normal gekleidete, normal aussehende Menschen. Keine Ahnung, was ich erwartet hatte. Einstein lief ja auch immer mit wirren Wuschelhaaren, im Sweatshirt oder mit einem abgewetzten Cordsakko herum.

»Ah, da ist ja unser Ehrengast!«, rief Einstein so laut durch den Raum, dass mein Ego gleich um den Faktor drei schrumpfte. Alle hielten im Gespräch inne und blickten mich freundlich an. Meine Kopf glühte. Ich fühlte mich wie auf einem Präsentierteller. Mein Lehrer kam mir entgegen, klopfte mir auf die Schulter und wendete sich an meiner Seite seinen Gästen zu.

»Das hier ist David. Wir haben uns am Strand kennengelernt. Er leistet mir seit drei Wochen Gesellschaft beim Nachmittagstee. David ist ein lupenreiner Tausendträumer, mit Neigung zu guten Fragen und professioneller Verzettelung. Außerdem hält er die bessere Welt, von der wir alle träumen, für möglich. Er tanzt mit jedem Tag besser.«

Diesmal war es kein Erröten. Meine Hautfarbe dürfte in diesem Augenblick bei Lila gelegen haben.

»Oh! Sehr erfreut«, nickte die ältere Dame.

»Wie schön!«, sagte mit einem freundlichen Nicken der indisch aussehende Mann.

»Hallo David«, hob der ältere, bürgerlich wirkende Mann in Strickweste und mit Hornbrille seine dampfende Teetasse zum Gruß.

Der dritte Mann rief fröhlich »Hört, hört!« und klopfte mit den Fingerknöcheln auf den Schreibtisch.

Isabella führte ihre Hand mit zwei Fingern an die Augenbraue und machte eine Art Militärgruß, während sie mir gleichzeitig zuzwinkerte.

Einstein schob mich in Richtung Teetisch. »Nimm dir einen Tee und frag sie alles, was dir einfällt. Sie antworten gerne.« Und zu seinen Freunden gewandt sagte er: »Stellt euch mal gegenseitig vor …"

Isabella legte gleich los. »Das ist Barbara. Sie ist Coachin, Buchautorin und hat ein gaaaanz großes Herz.«

Barbara lächelte mich freundlich an, nickte und sagte zu dem Inder gewandt: »Dieser Gentleman hier ist Vishnu. Vishnu ist Meditationslehrer und Unternehmer.« Zu Vishnu gewandt fragte sie: »Bist du eigentlich inzwischen Milliardär?«

Vishnu winkte ab. »Nein, nein, du weißt doch, wenn es zu viel wird, geht alles in die Stiftungen.« Dann wandte er sich zu Isabella: »Isabella hier ist Computerspezialistin. Sie hat zwei, drei richtig berühmte Codes geschrieben.«

Ich hatte das Gefühl, mir fallen die Augen raus. »Bitte was?«, starrte ich Isabella an. »Da hast du mir ja gar nichts von erzählt. Ich dachte, du bist Beamtin im Straßenbau gewesen?«

Isabella zuckte nur mit den Schultern: »Das war früher. Jetzt bin ich Bio-Landwirtin. Das mit dem Programmieren war dazwischen.«

Vishnu zeigte auf den jüngeren Mann, der bei Einstein am Tisch stand. »Lloyd dort ist Physiker. Er arbeitet zurzeit an einem internationalen Projekt zum Quantencomputer.« Lloyd grinste mich an und rief durch den Raum: »Mein Steckenpferd ist aber die Physik der Klänge. Er hier …«, er nickte in Richtung des bieder aussehenden Typen, »… ist Paul. Er ist Journalist und Schamanismus-Ausbilder.«

Ich blickte in die Runde. Ich war nie zuvor mit so viel spannenden Leuten in einem Raum gewesen. »Ich fühle mich geehrt«, bedankte ich mich für die nette Begrüßung.

»Die Ehre ist auf unserer Seite«, lächelte Barbara. Alle anderen nickten. Für einen Augenblick poppte wieder dieses Gefühl von ›Da nimmt dich doch einer auf den Arm!‹ hoch.

»Welche Schritte hast du denn schon gelernt beim Traumtanzen?«, fragte mich Barbara, die ältere Dame mit den kurzen Haaren und den gütigen Augen.

Ich war verblüfft: »Kennst du die Methode …?«

»Wir arbeiten alle nach ihr«, antworte Barbara.

Jetzt war ich noch verblüffter. »Ihr seid alle so erfolgreiche Menschen. Wozu braucht ihr Traumtänzer-Tipps?«

Barbara lächelte: »Es gibt vermutlich keinen erfolgreichen Menschen auf dieser Welt, der diese Techniken oder Teile von ihnen nicht nutzt. Natürlich mit unterschiedlichen Gewichtungen, kleineren oder größeren Variationen. Aber ansonsten …«, sie blickte die anderen Gäste an, »…

oder kennt ihr jemanden, der die Methodik nicht auf die eine oder andere Weise anwendet?«

Ich schaute von Einstein zu Isabella, Barbara und Vishnu. Dann zu Lloyd, Paul und Einstein. Alle nickten mir freundlich zu. »Funktioniert halt«, sagte Vishnu.

»Ohne diesen Ansatz wäre keiner von uns da, wo er heute steht«, betonte Barbara.

»Aber warum wissen so wenige Menschen von diesen Techniken? Das kann doch nicht sein. Das müsste doch an der Schule gelehrt werden!«

Alle fünf guckten mich belustigt an. »Was wird außer den Grundrechenarten, Lesen und Schreiben denn schon an der Schule gelehrt, was ganzheitlich wichtig für das Leben jedes Menschen wäre?«, fragte mich Barbara mit schelmischem Grinsen. Sie wartete meine Antwort nicht ab. Ich hatte ja auch keine. »Wie weit seid ihr denn mit dem Traumtänzer-Programm?«

»Montag wäre ›Die eine Sache‹ an der Reihe!«, rief Einstein vom Schreibtisch rüber. Wie konnte der sich mit seinen Freunden unterhalten und gleichzeitig hören, was wir hier sprachen? Ich bleibe dabei: Ein bisschen unheimlich war er schon.

»Hast du Lust auf die nächste Lektion?«, fragte Isabella.

»Äh, ich will aber nicht, dass sich hier alles um mich dreht.«

»Dann gehen wir eine Runde in den Garten und überlassen die Eminenzen hier ihren Fachsimpeleien.«

Ich würde gerne berichten, dass ich zögerte. Natürlich war ich unglaublich neugierig, worüber sich diese Menschen unterhielten. Wer hätte da nicht gerne Mäuschen gespielt? Isabella konnte ich allerdings nicht widerstehen. Sie hatte es nicht für nötig befunden, mir von ihren Computerkenntnissen zu erzählen. Das machte sie in meinen

Augen nur noch attraktiver. Wonder Woman war eine echte Intelligenzbestie. Ich fand starke Frauen schon immer noch mehr sexy als Frauen überhaupt. Die sind so angenehm selbstbewusst.

Kapitel Zweiundzwanzig

Die eine Sache

In 20 Jahren wirst du die Dinge, die du nicht gemacht hast, mehr bereuen als die Dinge, die du gemacht hast. Mach die Leinen los und verlasse den sicheren Hafen. Fang den Wind in deinen Segeln ein. Erforsche. Träume. Entdecke.

Mark Twain

Ich folgte Isabellas Beispiel und nahm meine Teetasse mit. Auf dem Weg in den Garten kam uns Anni mit einem Tablett voller Köstlichkeiten entgegen. Isabella drückte ihr einen Kuss auf die Wange. Das Leuchten der Sterne. Gerade fühlte es sich wieder so an, als wären meine Erlebnisse hier im Haus alle nur ein Traum. Erstaunt sagte ich bei diesem Gedanken zu mir selbst: ›Genau! Ein Traum, in dem du nicht nur ein Jahrhundertgenie, sondern gleich sechs weitere Lichtseelen triffst. So etwas Krasses träumt man doch nicht!‹ Das war zwar nicht sonderlich logisch, aber in diesem Augenblick dachte ich tatsächlich, das wäre es.

Isabella führte mich zu einer Gartenbank. »Wollen wir uns hierhin setzen?« Sie wies auf die Bank.

»Liebend gerne.«

»Magst du mir berichten, wie es dir mit dem Traumdenken ergangen ist?«, fragte mich die Amazone.

»Na ja, an und für sich ist das natürlich ziemlich cool.«

»An und für sich?«

»Na ja«, begann ich erneut. »Ich habe mit Anni schon trainiert, mein Mindset zu ändern. Das Leben mit seinen Herausforderungen nicht als Aufgabe zu betrachten, sondern als Spielfeld, auf dem es gilt, Erfahrungen zu sammeln. Ich habe beim Üben bereits festgestellt: Das Umsetzen, also dieses ganze Traumrealisierungsprojekt – das macht mir im Grunde mehr Spaß als dann alles fertig zu haben.«

»Das ist ja super. Ich war früher übrigens genauso drauf. Als wir den Hof übernommen haben, mein Gott, war der vernachlässigt. Hundert Baustellen. Du konntest keinen Schritt gehen, ohne dass dich irgendwo ein Problem anschrie. Ich hatte tierischen Stress. Wollte alles gleich perfekt haben. Dann hat Anni mir ordentlich den Kopf gewaschen.«

»Mit welchem Ergebnis?«

»Ich sehe das ganze Gelände jetzt nicht mehr als zu erledigende Aufgaben an, sondern als riesige Spielzeugkiste. Ich kann über den Hof laufen und einfach schauen: Wozu habe ich heute Lust? Was will ich jetzt tun? Wenn ich die ganzen Baustellen sehe, denke ich nicht: ›Das muss alles weg, ordentlich, aufgeräumt.‹ Ich denke: ›Wie geil ist das denn? Hier kann ich mich nach Lust und Laune austoben. Irgendetwas wird immer fertig.‹ Dann erledigen wir, was eben passt, und danach suchen wir uns das nächste Abenteuer.«

»Statt Aufgaben überall eine Art Kindergarten für Erwachsene?«

»Ja genau. Verstehst du? Es waren keine ›Muss ich alles noch machen‹ mehr. Stattdessen ein ›Ich habe die Wahl, aus hundert Dingen zu tun, was gerade ansteht oder mir gefällt – was geht ab?!‹

Ich finde den Begriff ›Mindset‹ allerdings blöd. Die Vorstellung der ›Bedeutung‹ gefällt mir besser.«

»Was meinst du mit Bedeutung?«

»Wenn du dir einen Traum erfüllst und bemerkst, dass dich die Erfüllung gar nicht glücklich macht, dann kannst du dieser Gefühlserfahrung eine destruktive Bedeutung geben. Du sagst dir: ›Dieses Erlebnis ist richtig schön mies gelaufen.‹ Oder du gibst ihm eine konstruktive Bedeutung. Zum Beispiel, indem du dir sagst: ›Es war eine spannende Erfahrung. Warum macht sie mich nicht glücklich? Muss ich anders vorgehen beim Erfüllen meiner Träume? War der Traum vielleicht doch nicht so wichtig, wie ich dachte?‹ Du lernst auf diesem Wege auch, was du im Leben nicht brauchst.«

Ich atmete erfreut aus. Es tat einfach gut, nicht der einzige Mensch mit solchen Problemen zu sein.

»Überraschung!«, rief Isabella und riss ihre Arme in die Höhe. »Die Lösung unseres Problems ist super einfach …«

»… und unglaublich schwer umzusetzen?«, ergänzte ich sofort, denn die Stelle kannte ich schon von Einstein.

»Jaaaah!« Sie stupste mich sanft mit der Faust in den Oberarm, wobei ich aufpassen musste, meinen Tee nicht zu verschütten.

»Unser Gehirn benötigt eine Weile. Zuerst ist da die Idee, der Traum. Wir setzen den Traum um. Das ist wie eine Art Training für das Gehirn.«

»Ja, kenne ich. Der Traummuskel«

»Ich nenne es den Realitätsloop. Wir erfahren: Einen Traum zu verwirklichen funktioniert. Weil wir das erleben, glauben wir es. Deshalb trauen wir uns zu, einen weiteren Traum zu realisieren. Erleben, wie es funktioniert. Erfahren erneut, dass es funktioniert. Um schließlich dem Thema ›Ein traumhaftes Leben führen‹ eine neue Bedeutung zuzuweisen: Träume lassen sich systematisch in Wirklichkeit verwandeln.«

»In der Psychologie spricht man von ›Selbstwirksamkeit erfahren‹«, ergänzte Anni, die in diesem Augenblick mit einem Teller zu unserer Bank kam. »Ich habe euch zwei meiner marokkanischen Teigtaschen gerettet, bevor die Genies da drin euch alles wegessen. Seit ihr beim Traumtraining?«

Wir nickten beide und griffen begeistert nach den köstlich knusprig aussehenden Teigtaschen.

»Dazu habe ich eine kleine Geschichte. Es gibt eine psychologische Forschung zum Thema Zeitmanagement und Stress. Bei der kam heraus, dass Rentner bei mehr als fünf Terminen in der Woche Stress bekommen. Bäuerinnen dagegen entwickeln erst Stress, wenn sie Aufgaben für mehr als vierzehn Stunden haben – am Tag! Stress ist also oft einfach nur eine Frage des Mindsets und nicht der tatsächlichen Belastung.«

»Genau!«, fuhr Isabella fort. »So gibt es zum Beispiel manche Traumtänzer, die sich langweilen, wenn sie nicht wenigstens zwanzig To-dos auf ihrer Wunschliste haben – für jeden Tag.«

»Das hilft mir jetzt nicht sonderlich weiter«, grummelte ich. »Ich ticke da wohl eher wie die Rentner. Wenn ich keinen Stress haben soll, muss ich wissen, wie ich das Umsetzungsproblem mit all den Träumen und ihren Unterschritten löse.«

»Temporärer Autismus«, grinste Anni und nickte in Richtung Isabella. »Das ist ihr Spezialgebiet.« Mit diesen Worten ging sie wieder ins Haus.

Isabella sah ihr mit leuchtenden Augen hinterher. Dann wandte sie sich zu mir und wie so bei ihr üblich, legte sie gleich los.

»Schritt eins: Du wählst einen Traum aus deiner Liste. Du beschließt, dich für eine Weile ausschließlich auf diesen einen Traum zu konzentrieren. Nur und einzig und alleine und absolut sonst nichts. Nur dieser eine Traum. Alle anderen blendest du aus.«

Ich holte tief Luft. »Das ist doch das Problem. Ich weiß nicht, welchen Traum ich wählen soll. Es sind so viele.«

»Den Traumkalender hattet ihr schon?«

»Ja. Rational weiß ich, dass ich noch sechzig Jahre Zeit habe für all meine Träume.«

»Prima. Der Rest ist gar nicht so schwer. Du wählst einen Traum aus deiner Träumeliste aus. Ich nutze drei Fragen, um zu entscheiden welchen.

Frage eins: Gibt es Träume, deren Erfüllung scheitern könnte, wenn ich sie nicht bald umsetze?

Eine Weltreise kannst du auch in dreißig Jahren noch machen. Bei terminlich gebundenen Träumen sieht das anders aus. Wenn du das Abschlusskonzert einer Band miterleben möchtest, dann sieh zu, dass du ein Ticket bekommst. Denn es ist ein Abschlusskonzert.«

Ich verstand genau, was sie meinte. »Wenn Albert E. einen zum Nachmittagstee einlädt, dann wäre es ziemlich dämlich, nicht zu kommen, weil man meint, gerade irgendetwas anderes zu tun zu haben.«

»Exakt.« Isabella lachte ihr Lichtlachen. »Wenn du Olympiasiegerin im Hundertmeterlauf werden möchtest, macht es wenig Sinn, erst mit dem Training zu beginnen, wenn du vierzig oder fünfzig bist. Eine Anni zu fragen, ob sie dich heiraten möchte, wenn das Gefühl sagt ›Tue es!‹ – das sind alles Sachen, die du besser nicht auf die lange Bank schiebst. Also markiere all die Träume in deiner Liste, bei denen eine Chance besteht, dass du sie verpasst. Du kannst auch eine neue Liste für sie anlegen. So weit, so unklar?«

Ich nickte. Es klang logisch.

»Danach stellst du dir einfach die Frage: »Worauf habe ich jetzt Lust? Welchen Traum möchte ich jetzt am liebsten umsetzen?«

»Was will mein Herz?«, ergänzte ich.

»Exakt. Das Herzhören!«, lachte Isabella ihr Amazonenlachen.

In diesem Augenblick sahen wir Vishnu mit der Teekanne auf uns zukommen. »Frag ihn mal. Vishnu ist der Megamacher von uns allen hier.«

»Ich dachte, ich fülle mal eure Tassen auf …«, grüßte uns der ebenso gut wie klug aussehende Inder.

»Los, frag ihn!«, stupste Isabella mich an.

»Wie bekommt man so erfolgreiche Leben gelebt wie ihr alle?«

Vishnu hob einen Finger und sagte nichts. Dann goss er Tee zuerst in meine Tasse. Dann in Isabellas. Dabei strahlte er eine unglaubliche Ruhe aus. Anschließend stellte er die Kanne auf den Tisch. Erst jetzt wandte er sich mir zu.

»Wenn ich Tee eingieße, dann gieße ich Tee ein. Wenn ich die Kanne abstelle, dann stelle ich die Kanne ab. Wenn ich mit dir rede, dann rede ich mit dir.«

»Wenn er wieder einmal zehn Millionen verdient, verdient er wieder einmal zehn Millionen«, lachte Wonder Woman. Vishnu legte den Kopf kurz schief, als wolle er sich entschuldigen und gleichzeitig bestätigen, dass es genau so halt ist.

»Ich fokussiere mich komplett auf die Aufgabe, die vor mir liegt. Würde ich fünf, zehn oder zwanzig Projekte gleichzeitig durchführen, dann würde ich viel zu viel Zeit verlieren.«

»Verstehe ich nicht«, gestand ich. »Wie kannst du Zeit verlieren, wenn du viel machst?«

»Das klingt widersprüchlich, bis du es zwei-, dreimal erlebt hast. Wenn du dich auf eine einzige Sache konzentrierst, verändert sich ziemlich rasch die Effektivität, in der du die vor dir liegende Aufgabe bewältigst. Durch die Konzentration auf eine Sache setzt du Mechanismen in deinem Gehirn und ebenso in deinem Tagesablauf in Gang, die dich schlicht und einfach produktiver machen. Wenn du zwanzig Projekte gleichzeitig verwaltest, so ist es unglaublich schwierig, besonderen Tiefgang in jedem Projekt hinzubekommen – was eine Voraussetzung für außergewöhnliche Ergebnisse ist.«

»Außerdem läufst du Gefahr, gar keines der Projekte wirklich abzuschließen«, ergänzte Isabella.

»Es macht einfach auch nicht so viel Spaß«, erläuterte Vishnu weiter. »Wenn du in eine Sache zu hundert Prozent einsteigst und dich ihr ganz hingibst, dann kommst du in einen kreativen und produktiven Fluss. Das kann zwar ganz schön anstrengen, doch gleichzeitig beginnt dein Projekt Fahrt aufzunehmen – und du siehst, wie es gedeiht und wächst.«

»Bei mir dauert immer alles eine Ewigkeit«, nickte ich.

Vishnu lächelte mich an. »Ich vermute, weil du gleichzeitig auf – wie sagt man hier? – auf mehreren Hochzeiten tanzt?«

»Ich habe halt immer die Sorgen, nicht alles getan zu bekommen.«

»Was dann, wie du soeben bestätigst, oft dazu führt, dass du ewig für ein Projekt benötigst oder gar nicht fertig wirst.«

»Aber wie machst du das? Wie kannst du dich so sehr auf ein Projekt konzentrieren und all deine anderen Projekte oder Träume vergessen?«

Kapitel Dreiundzwanzig

Das Traumparkhaus

Wer sich abstrus hohe Ziele setzt und daran scheitert, der scheitert weit jenseits von dem, was andere bereits als Erfolg feiern.

James Cameron

»Weil ich sie eben nicht vergesse. Ich parke sie nur in meinem Traumparkhaus. Das ist ein einfacher Trick. Er bewirkt jedoch für dein Unterbewusstsein eine ganz enorme Entspannung.

Stell dir einfach vor, du kannst all deine Träume und Ideen – wirklich alle! – in einem Parkhaus parken. Für jeden Traum hast du einen klar ausgewiesenen Parkplatz. Auf den kommen alle Ideen und Einfälle, die dir zu diesem Traum in den Sinn kommen. So kannst du dir ganz sicher sein: Keiner deiner Träume geht je verloren. Sie warten im Parkhaus. Jeder Traum ein eigener Parkplatz. Wenn du deinen aktuellen Traum umgesetzt hast, dann gehst du durch dein Traumparkhaus und schaust, welchen Traum du als Nächstes Wirklichkeit werden lassen möchtest.«

»Das beruhigt dein Unterbewusstsein«, fuhr Isabella fort. »Wir Traumtänzer verbrauchen sonst viel zu viel Energie, um uns ständig zu fragen, welchen Traum wir jetzt umsetzen wollen und was mit all den anderen Träumen passiert. Stattdessen kannst du dich ganz entspannt auf deinen aktuellen Traum fokussieren. Wenn sich dann die tausend anderen Träume zwischendurch melden …«

»… und das werden sie!«, warf Vishnu ein.

»… dann kannst du zu dir selbst oder zu deinen Träumen sagen: Ihr geht mir nicht verloren. Sobald ich meinen aktuellen Traum umgesetzt habe, entscheide ich, auf wen von euch ich als Nächstes Lust habe.«

»Ein wesentlicher Grund, warum wir so einen Stress mit unseren Träumen und Wünschen haben, ist die unterbewusste Sorge, nicht die richtigen zu realisieren oder nicht alles hinzubekommen«, unterstrich Vishnu. »Mit Fokus und einem Traumparkhaus eliminierst du diese Sorge. Dein ›Buch der 1000 Träume‹ – ist nichts anderes als ein Traumparkhaus. Da geht dir nicht ein Traum verloren.«

Ich traute mir nicht zu, mich so auf eine Aufgabe zu konzentrieren und dabei die Gedanken an all die anderen Träume einfach wegzuschieben. Ich ertappte mich beim Suchen von Gründen, warum die Methode bei mir nicht funktionieren konnte. Die beiden sahen, was in mir vorging.

»Wer nicht handeln möchte, findet Gründe«, sagte Vishnu.

»Wer handeln möchte, findet Möglichkeiten«, ergänzte Isabella.

Ich entschloss mich, ihnen erst einmal zu glauben. Sie hatten ja fraglos einiges hinbekommen in ihrem Leben. In diesem Augenblick kam die ältere Dame, Barbara, zu uns in den Garten.

»Na, sprecht ihr übers Träume-Parken?«

Ich erzählte ihr, dass ich die Idee als entlastend empfand. Dieses innere Bild, ein ganzes Parkhaus voller Träume zu haben, gefiel mir.

»Manche Menschen kommen mit dem Bild eines Traumregals besser zurecht.«

»Und was ist ein Traumregal?«

»Eine große Wand mit einem riesigen Regal. In diesem Regal stehen Archivkisten. Auf jedem steht der Name eines Traumes. Wenn die Zeit reif ist, holst du die Kiste aus dem

Regal. Du schaust nach, was du zu dem Thema schon an Ideen gesammelt hast. Dann bastelst du an diesem Traum weiter. Hast du keine Lust mehr, an diesem Projekt zu werkeln, dann füllst du alle Infos wieder in den Karton und der kommt in dein wunderbar riesiges Traumregal. Alle Kisten in derselben Farbe? Oder in verschiedenen Farben je nach Traumkategorien? Da kann sich jeder etwas Eigenes ausdenken.«

»Ja«, rief Isabella. »Anni findet die Vorstellung einer Vorratskammer hilfreich. Du füllst deine Speisekammer mit allen erdenklichen Speisen, die du magst. Mit allem, was du brauchst, um zu kochen. Das ist dann natürlich viel zu viel, um es auf einmal zuzubereiten. Du gehst einfach morgens in die Speisekammer und schaust dir all deine Vorräte – also deine Träume – an und entscheidest jeden Tag neu, worauf du heute Lust hast. Was du für eine Traumspeise kochen möchtest. Verstehst du den Unterschied?«

»Ja. Das ist auch eine neu zugewiesene Bedeutung, von der du bei unserem ersten Treffen geredet hast. All die tausend Träume sind damit keine Last mehr, die es abzuarbeiten gilt. Sie sind eine voll gefüllte Speisekammer mit all den Grundbestandteilen eines wunderbaren Lebensmenüs.«

»Richtig! Du stehst nicht vor deiner Speisekammer und denkst: ›Oh Gott, wie soll ich das alles gegessen bekommen?!‹ Du stehst da und siehst nichts als Möglichkeiten, ein wundervolles Menü zu kochen. Oder einfach mal nur einen kleinen Snack zuzubereiten.«

»Vorher war ich im Mangel. So bin ich in der Fülle.«

Barbara lächelte mich gütig an. »Du bist tatsächlich so weit. Bist kein Tausendträumer mehr. Du weißt schon, wie man tanzt, stimmt es?«

»Ja, aber ich muss mich noch arg konzentrieren, damit ich nicht unbewusst in meine alten Vorstellungen und

Glaubenssätze zurückrutsche.«

»Das ist ganz normal. Denk immer daran: Dein Gehirn muss für ein außergewöhnliches Leben nicht nur die alten Blödeln überwinden, sondern Vernetzungen für gute Erfahrungen neu aufbauen. Das dauert einfach eine Weile.«

Vishnu lachte: »Ist übrigens in deinem Alter viel einfacher, als wenn du Traumtanzen erst mit fünfzig oder sechzig beginnst.«

»Oh ja!«, lachte auch Barbara. »Je länger du eine Blödel benutzt, desto widerspenstiger verteidigt dein Gehirn sie gegen gute neue Ideen. Was du heute in vier Wochen lernst, kann im Alter schon einmal vier Jahre dauern.«

»Können sich alte Leute ...«, ich hielt inne und schaute die drei etwas verlegen an. Für mich waren sie allesamt alte Leute. »... Entschuldigung!«

»Wieso Entschuldigung? Aus deiner Perspektive sind wir alle alt. Tatsächlich ist es so: Das menschliche Gehirn kann bis zum Tod lernen. Die Neuroplastizität nimmt zwar mit dem Älterwerden ab, aber ...«

»... Einstein sagte, es hängt auch vom Lebensstil ab.«

»Richtig! Wenn du dein Gehirn ständig trainierst und ein bewegtes Leben führst, voller Freude lernst und neue Sachen ausprobierst, dann kann es sein, dass dein Gehirn mit siebzig fitter ist als die graue Masse eines verknöcherten Zwanzigjährigen. Es ist also gar nicht so dumm, früh im Leben das Tanzen zu lernen.

Funktionieren tut es in jedem Alter. Man muss es nur wirklich wollen. Dann wacht der Apparat da oben ...«, sie tippte sich an den Kopf, »... wieder auf. Angetrieben vom Herzhören.«

Vishnu fuhr fort: »Tatsächlich berichten viele ältere Menschen, es fühle sich an wie neu geboren zu werden. Als würden sie ein zweites Leben beginnen. In meinen Meditationskursen habe ich viele Gäste, die fünfzig, sechzig und manchmal achtzig Jahre alt sind, wenn sie mit dem Erwachen beginnen.«

»Das klang berührend.« Mir gefiel die Vorstellung von alten Menschen, die nicht in Sterbeheimen langsam und jämmerlich verrotteten, sondern ein paar Jahre vor ihrem Lebensende noch feststellten: ›Tatsächlich! Da kommt noch was!‹ – und es auch umsetzten. Und sei es nur für wenige Jahre. Zwei Jahre im Himmel waren vermutlich mehr, als sich viele Menschen überhaupt zu erträumen wagten.

Kapitel Vierundzwanzig

Traumreifung

Gut Ding will Weile haben.

Sprichwort

Barbara erzählte munter weiter: »Natürlich unterstütze ich jede Initiative, Achtsamkeit gegenüber dem Leben zu erfahren. Vishnu ist mit seinen Kursen so eine Art Erwecker.

Seine Träume in eine ferne Zukunft zu verschieben ist dennoch, auch wenn du noch sechzig Jahren Zeit zu haben scheinst, ein gewagtes Spiel. Diese Zukunft könnte für manche eben nie sein. Weil sie vorher sterben oder schwer erkranken.

Aus Angst vor Tod, Krankheit und Verlust in eine Traumumsetzungshysterie zu geraten, halte ich für ebenso unsinnig, wie zu denken ›Ich habe ja noch Zeit‹. Das führt zu unausgegorenen Projekten.«

»Was meinst du mit unausgegoren?«

»Einstein erzählte mir, du seist neben deinem Studium künstlerisch tätig. Du malst und machst Ausstellungen.«

»Das ist richtig.«

»Würdest du eines deiner Kunstwerke einfach schnell beenden, nur damit es fertig ist? Oder arbeitest du so lange daran, bis es sich gut und richtig anfühlt? Bis du das Gefühl hast, dass es dir gelungen ist?«

»Letzteres.«

»Und wie lange dauert es, deinen Traum von einem Bild so Wirklichkeit werden zu lassen, dass du bereit bist, es auszustellen?«

»Das ist total verschieden. Manchmal male ich ein Bild

an einem Tag. Andere Bilder brauchen Wochen und Monate.«

»Wenn du jetzt für dich festlegen würdest: Ein Bild muss immer an einem Tag fertig werden – wären dann alle Bilder so, wie du es dir träumst?«

»Auf keinen Fall. Das würde mir auch keinen Spaß machen. Es ist so spannend, immer wieder an ein Bild ranzugehen und es weiterzumalen. Ich brauche Abstand, um sie weiterzuentwickeln.«

»Genau so ist das mit vielen kreativen Projekten und auch Träumen. Sie benötigen oftmals Zeit, um sich zu entwickeln. Oder – um das Beispiel ›Speisekammer der Träume‹ aufzugreifen: um wie ein edler Käse oder Wein in Ruhe zu reifen. Isabella, dein Bruder, ist der nicht Künstler?«

»Seit seiner Pubertät. Er lebt für die Kunst.«

»Wie lange arbeitet er an seinen Werken?«

»Er malt meistens zehn bis zwanzig Bilder parallel. Er malt dabei zwei, drei Tage ohne Unterbrechung. Dann steht er tagelang vor den unfertigen Bildern und spürt hinein, was sie als nächsten Schritt benötigen. Manche malt er so, dass ich denke: ›Das ist doch jetzt fertig. Warum bietet er das Bild nicht zum Verkauf an?‹ Da sagt er dann nur: ›Irgendetwas fehlt ihm noch.‹

Das kann Jahre dauern. Manche Kunstwerke hat er Jahre im Atelier im Stapel stehen. Und plötzlich kramt er eines hervor und macht noch einige Kleinigkeiten dran. Das ist der Wahnsinn. Das Bild ist dann immer viel besser als zu dem Zeitpunkt, als ich dachte, es sei doch eigentlich fertig.«

»Verstehst du, worauf ich hinauswill?«, wandte sich Barbara wieder an mich. »Manche Träume brauchen Ruhe und Gelassenheit, um zu reifen. Damit meine ich allerdings nicht, dass du sie auf die lange Bank schieben sollst.«

»Und wie merke ich da den Unterschied? Ob da was noch reifen muss oder ob ich mich vor der Umsetzung drücke?«

»Ganz einfach. Wie beim Gouda!«, sagte Vishnu.

»Dem Käse?«

»So ist es. Der wird immer wieder kontrolliert und gewendet beim Reifen. Ob du deinen Traum im Parkhaus, in der Speisekammer oder im Traumregal aufbewahrst, stelle sicher, dass du ihn dir regelmäßig anschaust. Du musst zwischendurch immer mal wieder fragen: Was ist der nächste Schritt? Ist die Zeit reif für den nächsten Schritt oder benötigt der Traum noch seine Zeit?«

»Und wenn ich feststelle, dass ich gar keine Lust mehr habe, diesen Traum Wirklichkeit werden zu lassen?«

»Wo ist das Problem?«, meinte Barbara. »Wichtig ist das Herzhören. Wichtig ist es, in Bewegung zu bleiben. Isabellas Bruder stellt bei manchen Bildern bestimmt fest, die werden nicht gut. Dann übermalt er sie irgendwann. Ich jedenfalls schreibe ein ganzes Kapitel in einem Buch und stelle, wenn alles fertig ist, fest: Das Buch braucht dieses Kapitel nicht. Und streiche es.«

»Ich entwickle manchmal große Geschäftsprojekte«, ergänzte Vishnu. »Diese Träume plane ich bis ins letzte Detail. Da geht es oft um Millionen. Dann lasse ich sie eine Weile ruhen. Mit etwas Abstand schaue ich sie mir erneut an. Und stelle fest: Es ist kein tragfähiges Projekt. Oder: Ich habe einen anderen Traum, den ich lieber umsetzen würde.«

»Bist du dann nicht enttäuscht? Die Planung macht doch bestimmt viel Arbeit?«

»Die macht mir Spaß, diese Traumplanung. Außerdem lösche ich den Traum dann ja nicht aus. Ich stelle ihn in mein Parkhaus. Vielleicht wird in fünf oder zehn Jahren doch noch eine Wirklichkeit aus ihm. Oder er enthält eine Inspiration für ein viel besseres Projekt. Oder die technischen oder organisatorischen Voraussetzungen für seine Realisierung waren noch gar nicht gegeben und in zehn Jahren sind sie es.«

Ich schüttelte den Kopf. »Leute, ich kann mir das gar nicht alles merken. Ihr habt so viele tolle Tipps. Das ist der Wahnsinn. Ich bin jetzt echt aufgeregt. Ich möchte alles gerne ausprobieren, was ich hier von euch lerne.«

»So ist es gut.« Wonder Woman klopfte mir kräftig auf die Schultern. »Die Welt braucht Traumritter in alten Kombis, die von mehr träumen als von neuen Kombis.«

Da mussten wir alle lachen. Mein wundervolles Auto hatte ganz offensichtlich die gebührende Aufmerksamkeit von allen erhalten. Es wurde im Wesentlichen von Rost zusammengehalten.

Kapitel Fünfundzwanzig

Die Traumstunde

Mit dem Anfang ist schon die Hälfte geschafft.

Griechisches Sprichwort

Barbara griff unser Gespräch über die Zeit-Arbeitsmethodik beim Träume-Realisieren von vorhin wieder auf. »Übrigens wegen eures Gesprächs von vorhin: Lass dich von Vishnu und Isabella nicht verwirren. Die können sich zwölf Stunden am Stück auf eine Sache konzentrieren. Die meisten Traumtänzer können sich nicht so fokussieren.«

»Danke. Ich dachte schon, ich hätte ein Rad ab.«

»Auf diese Idee kommen viele Traumtänzer, wenn sie auf erfolgreiche Menschen wie Isabella oder Vishnu treffen. Doch die beiden repräsentieren nur eine Hälfte der Menschheit. Die andere denkt – wie sagst du so passend?«

»Rad ab. Sie hätten ein Rad ab!«

»Rad ab! Genau. Tatsächlich haben wir nicht nur kein Rad ab, sondern mindestens *acht* Räder dran.«

»Und was macht diese andere Hälfte der Menschheit, um die eigenen Träume erfolgreich umzusetzen?«

»Ganz einfach: neunzig Minuten pro Traum!«

Ich schaute Isabella und Vishnu an. Die zuckten beide gleichzeitig mit den Schultern, nickten aber bestätigend. »Barbara hat schon recht. Unter Unternehmern und ITlern findest du häufig ausgesprochen konzentrationsfähige Menschen«, gestand Isabella.

»Und zum Beispiel unter Menschen in der Kreativbranche häufig Temperamente, die keine Chance haben, einen ganzen Tag nur an einem Projekt zu arbeiten. Das würde sie nämlich tödlich langweilen«, ergänzte Vishnu.

»Ja! Ja! So ist das bei mir. Nach ein, zwei Stunden wird mir absolut alles – egal was ich mache – langweilig.«

»Doch am nächsten Tag kannst du wieder eine oder zwei Stunden am selben Projekt weiterarbeiten, oder?«, wollte Barbara wissen.

Ich überlegte. Das stimmte. Neuer Tag, neuer Spirit.

»Dann gibt es für dich einen einfachen Trick, wie du deine Träume realisierst: Arbeite gleichzeitig an mehreren Projekten. Finde heraus, wie lang deine Konzentrationsspanne ist. Nach einer Stunde oder zwei lässt die Freude einfach nach? Bei Albert E. sind es exakt neunzig Minuten.«

Wieder so ein Aha-Moment: unser Nachmittagstee. Der geht immer von 16.30 Uhr bis 18.00 Uhr. Danach muss Einstein noch neunzig Minuten die Welt retten. Bei unserer ersten Begegnung am Strand, da hatte er auf die Uhr geguckt und gesagt: »Die Freude ruft.« Damit hatte er seine nächste Aufgabe, die nächsten neunzig Minuten gemeint. Barbara schaute mir beim Denken zu.

»Wie lange die eigene Taktung ist, das ist von Mensch zu Mensch verschieden. Es kann auch mit den Aufgaben variieren. Mir wird es zum Beispiel beim Lesen eines Buches nach dreißig Minuten langweilig. Wenn ich einen Lesenachmittag mache, lese ich also drei bis vier Bücher. Alle halbe Stunde wechsle ich das Buch. Gartenarbeit mache ich am liebsten so drei bis vier Stunden am Stück.«

»Und wie finde ich meine Taktung heraus?«

»Stoppuhr. Einfach bei allem, was du tust, die Zeiten aufschreiben und schauen, wann es dir langweilig wird. Wann du die Freude verlierst. Das ist eine Charakterfrage. Natürlich kann es in jedem Projekt, bei jeder Aufgabe einen Moment geben, wo man auf Widerstand stößt. Wo man das Gefühl hat: Oh, das macht mir keine Freude, ich folge lieber meinem Herzen und mache etwas anderes.«

»Das geht mir beim Yoga so«, grinste Isabella zu Vishnu hinüber, der offensichtlich ein Yogafreak war, denn er zog die Augenbrauen erstaunt hoch. »Wenn ich mit dem Yoga beginne, denke ich während der ersten ein oder zwei Asanas: ›Och nee, lass mal sein, heute nicht!‹ Bei der vierten dann denke ich: ›Ach, was tut das gut!‹«

»Es geht nicht darum, bei einem Widerstand gleich aufzuhören. Es geht um die Frage: Ab wann langweilt dich die Aufgabe? Das musst du selbst herausfinden«, fuhr Barbara fort. »Ermittle, welche Art von Traumtänzer du bist. Tanzt du tage- oder wochenlang nur mit einem Traum? Oder unterteilst du deinen Tag in mehrere Einheiten und jede widmest du einem eigenen Interesse? Oder unterteilst du die Woche oder den Monat? Montags Traum eins. Dienstags Traum zwei und so weiter.«

»Das dauert ja ewig, bis man bei dieser Vorgehensweise mit irgendwas fertig wird«, protestierte Wonder Woman.

»Dafür wirst du gleichzeitig mit mehreren Projekten fertig«, konterte Barbara. »Außerdem: ›Fertig werden‹ ist ja auch nicht das alleinige Ziel.«

»Über das Thema haben wir gerade geredet, als Vishnu kam.«

Der Entspannungsmillionär nickte mit dem Kopf. »Es stimmt schon. Wir setzen dieses Wissen in meinen Firmen auch so um. Mitarbeiter müssen entsprechend ihrem tänzerischen Temperament in die Workflows integriert werden.«

»So was macht ihr in deiner … dein*en* Firmen?«

»Das ist zu Beginn eines Arbeitsverhältnisses aufwendig. Aber es rentiert sich. Nichts ist unproduktiver, als Nerds wie mich jede Stunde mit einer neuen Aufgabe zu konfrontieren. Ebensowenig wie es Sinn macht, kreative Wusel den ganzen Tag nur mit einer einzigen Aufgabe zu beschäftigen. Das führt bei beiden unweigerlich in die Frustration. Auf Dauer werden sie unproduktiv und schließlich krank.«

Barbara fuhr fort: »Wo die beiden jedoch ganz recht haben, ist das mit dieser ›einen Sache‹: Wenn du deinen Rhythmus gefunden hast – ob es nun sechzig oder neunzig Minuten, zwei oder drei Stunden oder was auch immer sind – dann achte darauf, in dieser Zeit auch wirklich nur diese eine Sache zu machen. Lass dich nicht ablenken. Fokussiere dich komplett auf deine Aufgabe. Auf diesen einen Traum.«

»Aber dann kommen mir zwischendurch Gedanken und Ideen für den anderen Traum, der direkt danach folgt.«

»Das ist ganz normal«, nickte Vishnu.

»Und was mache ich da? Das lenkt mich doch ab!«

»Du nutzt das Traumparkhaus. Schreibe deine Idee, deine Inspiration, deinen Gedanken schnell auf ein ›Post it‹, in dein Traumbuch oder in einen Kalender. Nur ein Stichwort, einen Satz. Dann kehre sofort zu deiner aktuellen Aufgabe zurück. Jetzt weiß dein Herz, dass du den Traum, die Idee wahrgenommen hast. Damit gibt es dir die Freiheit, dich auf das aktuelle Projekt zu konzentrieren. Die Idee wartet ja jetzt brav im Traumparkhaus.«

Die beiden anderen nickten.

Was soll ich sagen? Inzwischen gibt es Smartphones! Ich tippe einfach jeden Gedanken in eine App, die speziell für diesen Zweck programmiert wurde. Danach arbeite ich weiter an meiner einen Sache. Das macht Spaß. Ich habe so nie die Sorge, mir könnte eine Idee oder ein Traum verloren gehen.

»Aber wenn ich jetzt so eine Sechzig-Minuten-Taktung

hätte: In dieser Zeit schafft man doch nichts!«

»Ha!«, machte Barbara. »In sechzig Minuten kannst du Welten bewegen.«

»Ach komm!« Ich schaute zu Barbara, dann zu Isabella und Vishnu. »Das ist Barbaras Spezialität.« Die leuchtende Isabella zuckte mit den Schultern.

Barbara ließ sich nicht zweimal bitten: »Ein Beispiel für die Macht der magischen Stunde: Das Bücherschreiben. Vishnu ...«, sie wies mit einem Nicken auf den scheinbar ebenso reichen wie coolen Inder, »... zieht sich alle Jahre für zwei Wochen in ein Hotel auf den Malediven zurück. Dort ist er für niemanden erreichbar. Er schreibt vierzehn Stunden am Tag. Wie viele Seiten pro Tag, Vishnu?«
»In Rohfassung drei Seiten pro Stunde.«

»Das sind nach vierzehn Tagen fast sechshundert Seiten.«

In diesem Moment dachte ich: zwei Wochen einfach abtauchen? Wie konnten diese Leute denn so etwas organisieren? Dann fiel mir ein: Gerade jetzt hatte ich mich für zwei Monate Sinnsuche nach Nordengland zurückgezogen ... Wo ein Wille ist, da ist ein Weg.

»Und die andere Methode?«, wollte ich wissen.

»Ich schreibe jeden Tag eine Stunde«, erklärte mir Barbara.

»Du nimmst mich auf den Arm! Du hast doch gesagt, dass du zwei Bücher pro Jahr schreibst ...«

»Ich schreibe jeden Tag der Woche, nicht an Wochenenden. Fünfmal die Woche eine Stunde. Durchschnittlich drei Seiten pro Stunde.«

Ich sagte kein Wort. Isabella hob die Augenbrauen und senkte wissend ihren Kopf. Ich musste das verdauen.

»Das sind, äh ...«, ich musste überschlagen: »Drei Seiten pro Stunde an fünf Tagen die Woche sind fünfzehn Seiten.

Mal zweiundfünfzig Wochen …. »Das sind siebenhundertundachtzig Seiten pro Jahr. Wie cool ist das denn?! Mit einer Stunde voll konzentrierter Schreibarbeit fast achthundert Seiten.«

»Mit *einer* Stunde *konzentrierter* Arbeit«, betonte Isabella.

Ich schüttelte den Kopf. Irgendwie war ich völlig perplex. Achthundert Seiten waren ein cooler Output. Eine Stunde pro Tag dagegen erschien mir nicht so viel Zeit zu sein..

»Wir nennen sie die ›Nur-sechzig-Minuten-Methode‹ oder auch ›Die Traumstunde‹. Egal, was du sonst in deinem Leben machst, wenn du jeden Tag sechzig Minuten konzentriert an einem Traum arbeitest, dann ist es gigantisch, wie weit du in einem Jahr kommst.«

»Oder in zehn Jahren!«, ergänzte Vishnu.

»Wichtig ist die Psychologie dahinter«, vertiefte Barbara. »Du stehst nicht vor einem Projekt, welches tausend Stunden Arbeit von dir verlangt. Du hast immer nur die nächste Traumstunde vor dir.«

»Das ist voll mein Ding. Sechzig Minuten Fokus ist easy! Nicht dieses Denken: ›Oje, mir ist alles zu viel. Das schaffe ich alles nicht.‹ Stattdessen: ›Ich muss nur diese sechzig Minuten Spaß haben!‹« Fasziniert blickte ich zwischen den dreien hin und her. Isabella grinste breit: »Wichtig ist, sich zu konzentrieren. Auf die eine Sache.«

»Und wenn eine ablenkende Idee kommt …«, Barbara tätschelte mir auf eine Art und Weise wohlwollend die Wange, wie das nur vornehme ältere Damen konnten, »… aufschreiben! Im Traumparkhaus parken.«

»Das klingt zu einfach, um wahr zu sein.«

Diesmal antwortete Vishnu.

Wie die drei sich abwechselten, war filmreif.

»Deshalb probieren es die meisten Menschen erst gar nicht. Sie wollen nicht von ihrer Gewohnheit lassen, keine Kontrolle über ihr Leben und ihre Träume zu erlangen. Sie lieben es, Gründe zu finden, um etwas nicht tun zu müssen.«

»Und warum machen Menschen so etwas Blödes?«

»Weil sie nicht erwachsen werden wollen.«

Das verstand ich jetzt gar nicht. Was hatte denn die Kontrolle über sein Leben mit Erwachsenwerden zu tun? Ich formulierte mein Unverständnis mit einem präzisen »Häää?«.

Vishnu kicherte: »Ja genau: ›Häää?‹ Viele Menschen ziehen es vor, *nicht* die Verantwortung für ihr Leben zu übernehmen. Sie wollen davon überzeugt bleiben, ihre eigene Situation hänge vom Schicksal, den Genen, den politischen oder wirtschaftlichen Zwängen ab.«

»Ja, aber das trifft doch auch zu!«, protestierte ich.

»Aber nicht in dem Ausmaß, wie viele gerne glauben«, ergänzte die dunkelhaarige Kriegerin. »Vishnu zum Beispiel kommt aus einfachen Verhältnissen. Er hat zwei große Pleiten hinter sich. Und wo steht er heute?«

»Echt, zwei Pleiten?«, fragte ich in Richtung Vishnu.

»Yep!«, nickte er. »Und ich habe beide Male andere dafür verantwortlich gemacht. Genau wie für die einhundertvierzig Kilo, die ich gewogen habe. Da waren nämlich meine Gene dran schuld.«

Ich schaute den schlanken Inder mit großen Augen an. Mir kam mein früheres Gejammer und Selbstmitleid in diesem Augenblick ziemlich peinlich vor.

Isabella fuhr fort: »Ich habe eine Freundin, die war schon seit unserer Jugend Menschenrechtsaktivistin. Sie wollte dann Jura studieren, weil sie da den effektivsten Hebel sah, um zu helfen. Sie liebte allerdings auch Kinder und bekam rasch hintereinander drei davon. So sehr sie ihre Kinder liebte und ganz für sie da war, sie litt schrecklich darunter, ihr Studium nicht fortführen zu können. Dann traf sie Barbara.«

»Und? Was weiter? Was war mit deiner Freundin?«

»Sie begann mit fünfzehn Minuten am Tag. Sie lernte jeden Tag fünfzehn Minuten Jura. Als die Kinder älter wurden, erhöhte sie auf dreißig, dann auf sechzig Minuten am Tag. Das Besondere war: Diese fünfzehn Minuten machten ihr Lebensglück in ihrer Wahrnehmung perfekt.

Nun ja, sie hat siebzehn Jahre später ihr Anwaltsdiplom bestanden und arbeitet jetzt bei Amnesty International.«

»Hammer!«, staunte ich. Was für eine Willenskraft. Drei Kinder. Andererseits: Fünfzehn Minuten sind im Grunde nichts.

»Das war bestimmt oft anstrengend?!«

Kapitel Sechsundzwanzig

Traumblockierer

Nicht mein Zirkus. Nicht meine Affen.

Polnisches Sprichwort

»Das war es bestimmt. Und es führt uns zu einem wichtigen Detail beim Traumtanzen«, betonte Vishnu. »Wer dir erzählt, es sei immer einfach und spielerisch, deinem Herzen zu folgen und deine Träume umzusetzen, der will dir etwas verkaufen. Es ist oft eine Herausforderung. Du musst deine Glaubenssätze überwinden. Du wirst auf innere und äußere Widerstände treffen. Aber wenn du umsetzt, was dein Herz dir sagt, dann hält dich das alles nicht auf. Dann macht es letztlich auch Spaß. Gerade auch, *weil* es anstrengend ist. Manchmal gibt es Widerstände. Das gehört dazu.«

»Für meine Freundin waren diese fünfzehn Minuten das Tüpfelchen auf dem i ihres perfekten Lebens. Klar musste sie sich disziplinieren. Aber nur die ersten Monate. Danach wurde es zu einer Angewohnheit für sie, die sie schlicht und einfach glücklich machte.«

Ich lächelte die drei an. »Ich wiederhole mich, aber: Danke! Es ist echt inspirierend, euch zuzuhören. Solche Tipps von Leuten zu bekommen, die so tolle Sachen so erfolgreich umsetzen.«

Barbara nickte: »Es ist hilfreich, wenn dich Menschen unterstützen, die dir wohlgesonnen sind. Wenn du jemandem von deinen Träumen erzählst und er nur abwinkt und sagt ›Das schaffst du nie!‹ oder ›Was ist das wieder für eine dumme Idee von dir?!‹ – so etwas kann dich ziemlich ausbremsen.«

»Andere feuert es erst recht an«, ergänzte Vishnu. »Das hat nichts mit deinem Willen zu tun. Ist eher eine Charakterfrage. Manche lieben es, gegen Widerstände ihr Ding durchzusetzen. Andere brauchen Unterstützung und Mentoren.«

»Bei vielen Menschen sind leider der Freundeskreis, der Partner oder die Familie *der* Blockadefaktor schlechthin beim Träume-Umsetzen«, nickte Barbara. »Die meinen es in der Regel nicht einmal böse. Du darfst von Menschen, die wie wild im Hamsterrad ihres eigenen Lebens im Kreis herumrennen, nicht erwarten, dich als Traumtänzer zu verstehen. Wenn du mit der Idee kommst, es könnte eine Welt außerhalb dieses Hamsterrades existieren – solche Geschichten wollen nicht alle Menschen hören. Extrem fokussierte Zeitgenossen verstehen uns Traumtänzer und unsere Bedürfnisse ebenfalls oft nicht.«

»Ganz besonders bei Kindern wirken so kleine, demotivierende Sätze maximal destruktiv«, fuhr Vishnu fort. »Sag einem Kind, wenn es zum Beispiel schlechte Noten mit nach Hause bringt, es sei wahrscheinlich zu dumm, um es im Leben zu etwas zu bringen, und du hast gute Chancen, dass es diesen Satz als Glaubenssatz installiert. Schlimmer noch, wenn die Eltern sich selbst für Verlierer halten und neidisch sind, wenn sie spüren, dass ihr Kind voller Mut und Tatendrang ist. Die werden dann bisweilen zu Traumblockierern.«

»In der Schule geht diese Blockadepolitik dann oft nahtlos weiter«, nahm Isabella den Faden auf. »Lehrer sind unkündbar! Was wissen die – von löblichen Ausnahmen abgesehen! – von einem mutigen Leben? Wie sollen die Kindern beibringen, dass frau etwas wagen muss? Das frau Risiken eingehen muss? Wie frau scheitert und trotzdem wieder mit dem Hintern hoch kommt?« Isabella war richtig laut geworden. Dafür mochte ich sie umso mehr. Ihre Schulzeit war scheinbar ähnlich prickelnd verlaufen wie die meine. Später erfuhr ich: Viele Genies der Menschheitsgeschichte hatten mit ihrer Schulzeit nicht sonderlich viel anfangen können.

Jetzt war es wieder Barbara, die relativierte: »Ich bitte darum, uns nicht falsch zu verstehen: Ich habe nicht nur kein Problem mit Lehrern. Tatsächlich kommen fast ein Viertel meiner Coachies aus pädagogischen Berufen. Bewundernswert engagierte Menschen sind dabei. Aber weißt du, über was viele von ihnen klagen? Über Blockierer. Blockierende Kollegen und Kolleginnen. Und, viel übler noch: blockierende Eltern.«

»Neuere neurowissenschaftliche Erkenntnisse zeigen eindeutig, dass staatliche Lehrpläne und -methoden wie Kreativitätsverhinderungsmaschinen wirken können«, ergänzte Anni, die ebenfalls zu unserer Diskussionsgruppe gestoßen war und Einstein mitgebracht hatte.

»Hamsterradläufer halten oftmals ihr Hamsterrad für die Normalität. Andere Hamster, die auf die Idee kommen, es könnte eine Welt außerhalb des Rades geben, werden wahlweise als verrückt oder gefährlich eingestuft. Dementsprechend belächelt oder bekämpft. Die Menschheit kommt nicht so langsam vorwärts, weil es zu wenige gute Ideen gibt«, bedauerte mein Mentor. »Sondern weil es so viele Blockierer gibt«, ergänzte die dunkelhaarige Intelligenzbestie Isabella.

»Och, mich hat das immer inspiriert«, warf Vishnu ein.

»Ja, dich!«, winkte Barbara ab. »Leg dem Mann einen Berg in den Weg und er schaufelt ihn mit einer Handschüppe zur Seite.«

Einstein klopfte Vishnu auf die Schulter. »Vermutlich findet er dabei eine Goldmine.« Und wieder lachten alle.

»Und was macht man da?«, wollte ich wissen. »Ich meine, wer hat denn schon solche Freunde wie euch?«

»Man muss sich Gleichgesinnte suchen und einen Kreis der Kraft gründen.« Das kam von Barbara.

Ich schaute sie groß an. Noch etwas Neues. »Was ist ein Kreis der Kraft?«

»Deshalb sind wir heute alle hier. Deshalb und wegen des guten Essens!« Sie zwinkerte der Küchengöttin Anni zu. »Ich würde dir empfehlen, dein Traumbuch und einen Schreibstift zu holen, die brauchst du für den Kreis der Kraft.«

Kapitel Siebenundzwanzig

Der Kreis der Kraft

Der Unterschied zwischen dem, der du bist, und dem, der du sein möchtest, ist das, was du tust.

Unbekannt

Ich flitzte in mein Zimmer hoch. War das spannend! Als ich ein wenig außer Atem mit Buch und Stift wieder herunterkam, standen alle zusammen auf der Terrasse. Und sie hatten alle, bis auf Isabella, ein Buch in der Hand oder unter dem Arm. Barbara erklärt mir, was sie jetzt vorhatten.

»Es ist ganz einfach. Du berichtest uns von einem großen Traum, den du hast. Danach kann jeder von uns erzählen, was ihm zu deinem Traum einfällt. Was dir helfen könnte, deinen Traum zu erfüllen. Einfach, was uns gerade dazu durch den Kopf geht. Wichtig ist: Wir werden nur Dinge sagen, die dir eine Unterstützung sein sollen. Äußerungen wie ›Das funktioniert ja doch nicht‹ wirst du von uns nicht hören.

Du hast die Aufgabe, alles aufzuschreiben. Ob und was du mit den Ideen am Ende tatsächlich anfangen kannst, sollst du nicht sofort durchdenken. Mit diesen Fragen kannst du dich später beschäftigen.«

»Die Idee ist ganz simpel«, fügte der Schamanismuslehrer Paul, der aussah wie ein Bürobeamter aus den Siebzigern, hinzu. »Wenn wir als Ideenspender unsere Gedanken und Ideen bewerten würden, zensieren wir sie ganz automatisch. Wichtig für das Funktionieren der Technik ist das Nicht-Bewerten. Wenn *ich* darüber nachdenke, ob *meine* Idee für *dich* gut oder unbrauchbar ist, dann äußere ich sie womöglich gar nicht – obwohl *du* sehr wohl etwas mit ihr hättest anfangen können.«

»Im Gegenzug verzichtest du darauf, unsere Gedanken und Ideen zu kommentieren. Wenn du zum Beispiel Paul sagen würdest ›Was für eine blöde Idee‹, dann würde ihn das vielleicht hemmen, eine weitere Idee auszusprechen. Aus Sorge, du könntest sie wieder blöd finden.«

»Oh, wow!«, schnaubte ich. »Ich finde das echt nett, aber ich fühle mich jetzt ehrlich gesagt total unverschämt. Die Zeit von so vielen so klugen Leuten zu beanspruchen.«

Barbara wies in die Runde. »Dies ist ein Kreis der Kraft. Wir treffen uns alle drei Monate für diese Kreise. Jeder von uns wird einen eigenen Traum vorstellen. Dann gibt es für jeden fünfzehn Minuten Ideensturm. Danach ist der Nächste an der Reihe. Jeder sitzt also einmal in der Mitte des Kreises der Aufmerksamkeit. Und siebenmal schenkt er Aufmerksamkeit und Inspirationen.«

Ich sagte gar nichts mehr. Stattdessen strahlte ich sie alle an. Sa-gen-haft! Wir hatten das Spiel noch gar nicht begonnen, doch alleine die Absicht brachte mein Herz schon zum Hüpfen. In diesem Augenblick ploppte es laut hinter uns und alle schreckten kurz zusammen. Ein Sektkorken! Anni hatte eine Flasche Sekt geöffnet. »Ein kleines Schlückchen. Das Ganze ist ein wunderbares Spiel, ein erstaunliches Ritual und darf sowohl mit Freude wie auch enthemmt vonstattengehen.«

Alle klatschten. Es war einfach nur cool, voll entspannt.

Die Nachmittagssonne wärmte uns. Das Meer duftete. Das Blau des Himmel wehte durch den Garten. Möwen lachten über unseren Köpfen. Oder lachten sie über *uns*? Der Sekt perlte und bis zum Ende des Kreises perlten vier Flaschen, und wir alle waren … Traumtänzer.

Es heißt, wenn man stirbt, dann ziehen im Augenblick des Todes die wichtigsten Momente des eigenen Lebens vor dem geistigen Augen an einem vorüber. Ich bin mir sicher, dieses Treffen mit all diesen guten Geistern wird bei mir dazugehören. Jetzt, da ich diese Worte schreibe, kullern mir ein paar Tränen die Wangen herab, so berührt mich die Erinnerung an jenen Nachmittag. Ich kann dir nur empfehlen: Suche dir Gleichgesinnte. Gründet einen Kreis der Kraft. Unterstützt euch gegenseitig bei euren Träumen.

»Was hast du für einen besonderen, größeren Traum, den du mit uns teilen möchtest?«, begann Barbara.

Ich überlegte.

»Ich würde gerne Koch werden.«

»Du würdest also gerne Koch werden. Warst du zu diesem Traum schon tauchen?«

»Nein, noch nicht.«

»Gut. Dann tauchen wir jetzt. Schließe deine Augen. Kannst du uns deinen Traum etwas genauer beschreiben? Warum willst du so gerne Koch werden?«

»Also, ich liebe es gut zu essen. Und ich möchte gerne lernen, wie ich gutes Essen zubereiten kann. Auch Gerichte aus verschiedenen Kulturkreisen. Lecker genug, um anderen Menschen eine Freude machen zu können, wenn ich für sie koche.« Ich machte eine Pause und lauschte mit geschlossenen Augen in mich hinein. Die anderen waren alle still.

»Ist das ein peinlicher Traum?«, fragte ich dann.

»Kein Traum ist peinlich«, antwortete Barbara.

Ich hörte Lloyd fragen: »Willst du Küchenmanagement lernen? Arbeiten in Küchenteams?«

»Äh, nee, wozu, nee, ich will kochen lernen …«

»Willst du lernen, wie du es organisierst, zwanzig verschiedene Gerichte mehr oder weniger gleichzeitig innerhalb kürzester Zeit auf den Tisch zu bringen?«, hörte ich Isabellas Stimme.

Ich hielt inne. Das waren gute Fragen. »Oje! Nein! Auch nicht! Ich will nur gut *kochen* lernen. Ab und zu Freunde verwöhnen können – und natürlich mich selbst.«

»Willst du Profikoch werden oder willst du sehr gut kochen lernen?«, fragte nun Einstein.

Ich öffnete die Augen und schaute in den Kreis. Alle schauten freundlich zurück. Das war Traumtauchen, nur diesmal gecoacht durch meine Unterstützer.

Es ist wichtig, den Unterschied zu verstehen. Ihre Fragen waren keine Kritik an meinem Traum. Ich hatte viel mehr das Gefühl, sie wollten ganz genau über meine Bedürfnisse Bescheid wissen.

»Den Traum genau ergründen«, sagte ich dann zu mir selbst wie auch zu den anderen. »Schauen, was man wirklich möchte. Was womöglich hinter dem Traum für ein Wunsch verborgen liegt.«

»So ist es«, nickte Anni. »Isabella dachte vor ein paar Jahren zum Beispiel, sie würde gerne Rennfahrerin werden. Bis sie ein Freund mit auf den Nürburgring in Deutschland genommen hat. Da kann man an bestimmten Tagen gegen eine Gebühr privat mit dem Auto Runden rasen.

Nach dem Versuch stellte sie fest, sie braucht dieses Erlebnis nur alle paar Jahre einen Tag lang machen. Damit ist sie glücklich. Sie wollte gar keine Rennfahrerin werden. Sie wollte nur ab und zu auf einer Rennstrecke schauen, was sie und ihr Auto so schaffen.« Anni lächelte ihre Wonder Woman an.

Mit Annis Worten war mir sofort klar, was ich wirklich wollte: »Ich will gut kochen lernen. Kreativer in der Küche werden. Wissen, wie gutes Essen entsteht.« In dem Augenblick, als ich das ausformulierte, spürte ich, wie mir ein ganzer Berg von Steinen vom Herz kullerte. Ich bewunderte Köche, eben weil sie zwanzig Gerichte gleichzeitig raushauten. Doch selbst wollte ich gar nicht Profikoch werden. Ich wollte einfach nur lernen, wie man gut kocht.

»Na, das ist doch was, oder?!«, fragte Barbara in die Runde. Dann forderte sie mich auf: »So, jetzt schreib einfach alles mit. Nicht bewerten, nur aufschreiben.«

Anni war die Erste: »Ich kann dir beibringen, wie du englische Torten backst. Montag nach dem Frühstück fangen wir an. Ist gar nicht schwer ...«

»Fangt mit Apple Pie an!«, rief Einstein und klatschte in die Hände.

Ich schrieb ins Traumbuch: ›Tortenbacken mit Anni‹ und erinnerte mich laut an ihre Zutatenliste: »Alte Apfelsorte, Zeit, Zimt, Liebe.«

»Du wirst gute Torten backen!«, lächelte Lloyd.

Paul meldete sich brummelnd zu Wort: »Ich war vor ein paar Tagen in Yorkshire im Swindon Park Hotel. Wenn du wieder heimfährst, liegt das Hotel nur wenige Meilen abseits der Autobahn. Die haben eine verdammt gute Küche. Und veranstalten Kochkurse. Dort schaust du Profis über die Schulter. Ist nicht billig. Du lernst von Leuten, die seit Jahren und Jahrzehnten auf hohem Niveau kochen.«

Barbara: »Mein Sohn macht Seminare für Naturerfahrungen. Da bringt er den Teilnehmern bei, wie sie mit minimaler Rucksackausrüstung und dem, was sie in der Natur finden, Essen zubereiten. Ist vielleicht genau das Gegenteil von Sterneküche.«

»Wo lebt dein Sohn denn?«

»In den Rocky Mountains. In einer spirituellen Gemeinschaft.«

Einstein zuckte begeistert mit seinem Schnurrbart. »Na

so was aber auch! Na so was aber auch!«

Ich musste mich fangen und starrte Barbara ungläubig an. In welchem Universum hatte ich denn die letzten zehn Jahre gelebt, als ich in der Schule begann, mir solche Sorgen zu machen? Warum hatte mir keiner beigebracht, wie man das Leben tanzt, anstatt immer nur zu versuchen, es irgendwie zu erledigen?

Dann kamen sicher sieben oder acht Ideen, mit denen ich erst einmal nichts anfangen konnte. Ich schrieb sie aber brav auf. Schließlich fragte mich Vishnu: »Magst du indische Küche?«

»Und wie!«, antwortete ich.

»Wie lange bist du noch in England?«, fragte er.

»Ich habe mir zwei Monate frei genommen – jetzt sind es noch drei Wochen.«

»Ich müsste meine Frau natürlich fragen, aber wir haben nächste Woche ein großes Fest, wo viele Freunde …«, er zeigte in die Runde, »… und Familienmitglieder kommen. Es werden über vierzig Gäste. Meine Frau kocht ein indisches Büfett. Ich kann dir schon sagen: Sie führt in der Küche ein strenges Regiment. Aber da lernst du von einer Gewürzgöttin …«

»Oh, mein Gott, das wäre der Hammer!«, jauchzte ich.

»Also, du müsstest da aber richtig helfen!«

»Aber natürlich!«, rief ich überschwänglich. »Gerne!«

Ich fühlte mich derart euphorisch. Der Wahnsinn. Das war ja so was von cool. Ich hatte erwartet, dass diese klugen Leute mich und meinen Traum belächeln würden. Das tat aber keiner.

»Also, wenn du gerne Menschen eine besondere Freude machen möchtest …«, begann Isabella.

»Unbedingt!«

»Ich helfe doch im Hospiz. Die Gäste dort – im Hospiz

nennen die Mitarbeiter die Sterbenden ›Gäste‹ – also, die Gäste dort bekommen vom Küchenteam manchmal noch ihre Leibspeise gekocht. Ich wette, da darfst du helfen. So bekommst du ganz nebenbei ein paar spannende Rezepte beigebracht.«

»Oh, wie toll.« Ich notierte es mir. »Küchendienst mit Kochen nach Herzrezepten im Hospiz.«

Dann gab es wieder eine lange Pause. Es schien keinen zu irritieren. Alle hingen ihren Gedanken nach. Ich spürte: Sie waren für mich in ihren Köpfen und Herzen unterwegs.

Bald warf Lloyd eine weitere Idee ein: »Mein Schwager ist Metzger und ein Künstler am Grill: Du kannst ihn für Partys buchen. Wenn du ihn bei einem Einkauf begleitest, bringt er dir ein paar Hacks bei, wie du das beste Grillfleisch auswählst und es vorbereitest.«

Ich war nie so der Fleischfan gewesen. Trotzdem notierte ich mir den Tipp. So, wie die Methode es vorsah.

Einstein: »Wenn du englisches Teegebäck magst, kann ich den Pastry Chef des *Cupper Kettle* im Ort fragen, ob er ein gutes Buch mit entsprechenden Rezepten empfehlen kann. Ich spiele einmal im Monat Schach mit ihm.«

Nach knapp fünfzehn Minuten hatte ich über dreißig Ideen aufgeschrieben. Sieben oder acht davon fand ich absolut spitze.

Ich nehme es einmal vorweg: Als ich Nordengland wieder verließ, konnte ich indisch kochen. Ich wusste vier verschiedene unverschämt geniale englische Torten zu backen. Ich hatte im edelsten Hotel, in dem ich je – bis heute! – übernachtet hatte, am ersten Nachmittag gelernt, wie man extrem geniale Suppen kocht. Am zweiten, wie man raffinierte Nachspeisen arrangiert. Weiterhin hatte ich mich per Telefon an meiner Volkshochschule daheim für die Kurse ›Brot backen‹ und ›Koreanische Küche‹ angemeldet. In meiner vorletzten Woche lernte ich in einem Hospiz, wie man mit Essen Menschen zum Weinen bringt. Nicht nur einige der Gäste weinten vor Glück. Ich tat es auch. Ich war mir schon vorher bewusst, dass Geschenke-Machen Freude bereitet. Was ich aber noch wichtiger fand: Ich hatte dort das Glück, auf Menschen zu treffen, die in Frieden starben.

»Du hast wirklich Glück«, bestätigte mir die Hausleiterin des Hospizes meine Wahrnehmung. »Es sind natürlich immer wieder sehr niedergeschlagene oder griesgrämige Persönlichkeiten unter unseren Gästen – doch zurzeit nicht.«

Auch noch krass: Einer der Gäste im Hospiz war Salvatore, ein Italiener. Genauer gesagt war er ein Sizilianer, der als junger Mann nach England ausgewandert war. Salvatore lehrte mich, eine Scachatta zuzubereiten.

Ich meine, wie verrückt ist denn das? Ein deutscher Visionssucher geht nach Nordengland und lernt von einem Sizilianer in dessen letzten Tagen auf Erden, wie man ein traditionelles sizilianisches Gericht zubereitet?

Tanzte ich da meine Träume oder tanzten meine Träume etwa mich?

Und das Schönste dabei: Ich musste gar nicht Koch werden. Ich lernte einfach so gut kochen, bis es mir genügte. Heute verfüge ich über vielleicht sechzig oder achtzig Rezepte, die ich aus dem Bauch heraus zubereiten kann. Ganz nach Lust und Laune lerne ich mal hier und dort etwas Neues hinzu. Traum erfüllt.

Zeitaufwand? Alle Kurse und Aktionen zusammengezählt vielleicht eine Woche – oder zehn Tage? Keine dreijährige Ausbildung notwendig.

Auf zum nächsten Traum!

Unsere Brainstormrunde führten wir dann noch mit geänderten Rollen über sieben weitere Runden durch. Paul, Barbara, Lloyd, Vishnu, Anni, Isabella und Einstein hatten Träume, zu denen jeder erzählen konnte, was ihm so einfiel. Auch ich trug bei, was mir eben so an unterstützenden Ideen in den Sinn kam. Keiner sagte ›Was für eine blöde Idee‹ zu mir. Paul und Isabella konnte ich direkt mit einer Inspiration weiterhelfen.

Das war eine herrliche Übung. Ein Spiel. Wie ein soziales Event fühlte es sich an. Mit einem tollen Gruppengefühl. Das lag sicher nicht nur am Sekt und dem guten Essen. Vor allem das Fehlen jeglicher Bewertung gefiel mir.

Der ganze Spaß dauerte drei Stunden, da wir zwischen den Personen immer ein paar Minuten pausierten für ein Gläschen Sekt, Toilette und Co. Und wirklich: Fast machte es mehr Spaß, zu überlegen, wie man den Träumer unterstützen konnte, als sich selbst unterstützen zu lassen. Es war so kraftvoll, zu sehen, wie eine Idee in den Kreis gepflanzt wurde und direkt Wurzeln schlug.

Was für ein Tag! Was für ein Abend. Gemeinsam mit all diesen lieben Menschen über Träume, Visionen und Projekte zu sprechen, es war wie ein Rausch. Wahrlich ein Traumkreis der Kraft. Oder ein Kreis der Traumkraft? Warum nur setzte die Menschheit solche Methoden nicht an Schulen, in Universitäten und Ausbildungen um? Was könnte unsere Spezies gewinnen, würden wir uns nicht gegenseitig blockieren, sondern unsere Kreativität und unseren Mut entfesseln?!

In einer Pause kam Einstein zu mir. »Wir erleben hier die uralte Kraft der Gemeinschaft«, raunte er mir zu. »Solche Rituale macht die Menschheit seit ihrem Anbeginn. Zusammen im Kreis sitzen und erzählen und träumen und schauen, was geht. Früher bei einem saftigen Mammutbraten. Heute bei Sekt und Annis Köstlichkeiten.«

»Ich spüre so einen selbstverständlichen Respekt, so eine Achtsamkeit eines jeden allen anderen gegenüber«, staunte ich mit glühenden Wangen.

»Nur so kommen wir weiter«, nickte Einstein. »Menschen, die einander zuhören und zu helfen versuchen. Solange Menschen das tun, führen sie keine Kriege.«

Ich erinnerte mich an Einsteins Traum. Die Welt retten. In diesem Augenblick begriff ich, das er gerade mit uns allen an diesem Projekt arbeitete. Respekt. Achtsamkeit. Einander zuhören. Versuchen, den anderen eine Hilfe zu sein. Aussteigen aus dem Hamsterrad von Bewertungen, Neid, Herablassung und blockierendem Denken.

Wie sähe eine Welt aus, in der das alle Menschen täten? Was könnte schon passieren, wenn wir es einfach probieren würde? Respekt, Achtsamkeit, einander zuhören. Uns mutig auf die Frage einlassen, ob wir nicht in unseren eigenen Blödeln feststecken, wenn wir andere allzu schnell kritisieren oder ihre Ideen verspotten.

Was hat Winston Churchill einmal gesagt?

»Versagen führt selten zum Tod.«

Kapitel Achtundzwanzig

Himbeereis

Disziplin wiegt ein paar Gramm, Bedauern eine Tonne.

Anthony Robbins

So verflogen die Tage in Nordengland bei Albert E. im Traumzeit-Haus. Der Sommer kam und die Tage wurden wärmer. Manchmal konnten wir unseren Nachmittagstee auf der Terrasse mit Blick auf das Meer genießen. Manchmal war es regnerisch und kühl und ein Kaminfeuer prasselte in Einsteins Atelier. Einige Tage ließen wir aus, weil ich bei der indischen Feier half, den Kochkurs im Hotel belegte und im Hospiz kochen war. Es gab immer weniger Theorie und immer mehr praktische Umsetzung.

Wenn du ebenfalls ein Traumtänzer bist, dann wirst du nachvollziehen können, wie nach all dieser Zeit eine Sehnsucht in mir aufkeimte, diesen Ort auch wieder zu verlassen. Nicht, weil ich mich nicht wohlfühlte. Vielmehr weil ich so eine Art Sog verspürte. Ich war begierig darauf, das Projekt ›meine traumhaften zwei Leben‹ daheim umzusetzen. Ich wollte es außerhalb des geschützten Rahmens hier erproben. Im ›wahren Leben‹.

Würden all die wunderbaren Vorgehensweisen, die ich hier erlernte, auch wirklich funktionieren?

Zudem erhielt ich in den folgenden Wochen zahlreiche kleinere oder größere Inspirationen zum Thema Selbstorganisation. Zeitmanagement nennt man das im Business. Zeit lässt sich aber nicht managen. So wenig wie du auf einem großen Strom in einem Boot sitzend den Fluss managst. Du lernst, wie du das Boot und den Fluss miteinander in eine Schwingung bringst.

Ich lernte viel mehr, als in diese Erzählung passt. Über hundert Inspirationen und Lektionen schrieb ich in ›Mein Buch der 1000 Träume‹. Kleine und größere Tipps und Kniffe, die ich zwischendurch von Einstein, Anni und Isabella, die gelegentlich zum Frühstück vorbeischaute, erhielt. Hacks, um ein erfolgreiches Leben als Traumtänzer zu führen. Hätte ich sie alle aufgeschrieben, wäre aus dieser Geschichte ein Ratgeberbuch geworden anstatt eine Erzählung.

Mit diesem Buch habe ich dir die wichtigsten wegweisenden Ausbildungsschritte zum Traumtänzer weitergegeben. Setze sie um und du wirst staunen, wie auch du anfängst mit deinen Träumen zu tanzen.

Von zwei Geschichten aus jener Zeit möchte ich dir noch erzählen. In den ersten zwei Wochen bei Einstein hatte ich mir in mein Traumbuch notiert: ›Albert E. liebt Himbeereis. Will berühmtes Eiscafé im Lake District besuchen.‹

Am sechsten und letzten Freitag meiner Zeit in Nordengland, gegen Ende unseres Nachmittagstees, wagte ich dann einen Vorstoß: »Du hast den Traum, Himbeereis in einer Eisdiele im Lake District zu probieren«, sagte ich zu meinem Meister.

Verwundert blickte mich Einstein an. »Woher weißt du das?« Er hatte scheinbar vergessen, dass er es mir mindestens drei Mal erzählte hatte.

»Ich habe einen guten Lehrer. Der hat mich gelehrt zuzuhören«, grinste ich. »Anni sagte mir, dass du ungern selber Auto fährst und es dir häufig schwerfällt, Zeit für deine kleinen Herzenswünsche freizuschaufeln.«

»Hat sie das?« Er lächelte.

»Ich würde gerne meinen Nachmittagstee mit dir morgen im Lake District genießen. Ich habe bereits angefragt:

Es gibt frisches Himbeereis. Ich fahre dich dort hin. Wir genießen das Eis. Auf dem Hin- und Rückweg bewundern wir die Landschaft. Anni und Isabella würden auch gerne mitkommen.«

Einstein blickte mich vielleicht eine Minute lang nachdenklich an. Dann sagte er: »Wir starten um 11.00 Uhr. Dann sind wir zum Lunch in Ambleside. Mir wurde dort ein vegetarisches Restaurant empfohlen. Danach eine Bootstour über den Lake Windermere. Zum Abschluss Himbeereis in Grasmere?«

»Hört sich gut an«, sagte ich und half Anni mit dem Geschirr.

Beim Verlassen des Ateliers rief mir Einstein hinterher: »Ich freue mich. Sehr.«

Ich hatte ein Gefühl, als würde ich von innen leuchten vor Glück. Anni, die meine Begeisterung spürte, zwinkerte mir zu. »Interessant, wie glücklich es macht, andere glücklich zu machen, nicht wahr?«

»Fast wie in einem Rausch. So als bekäme ich langsam eine Art Routine darin, dem Herzhören zu folgen.«

»Und das nach nur sechs Wochen. Warte erst einmal, bis du fünfzig bist, Traumtänzer.«

Anni sagte nicht mehr ›Tausendträumer‹ zu mir.

Sie nannte mich ›Traumtänzer‹.

Kapitel Neunundzwanzig

Es gibt keinen Weg. Nur Gehen.

Dem Gehenden schiebt sich der Weg unter die Füße.

Martin Walser

Auf der Fahrt zum Lake District musste ich wieder einmal an den sterbenden Mann im Altenheim denken. Er hatte nicht beweint, dass er in seinem Leben keine Ziele erreicht hatte. Tatsächlich starb er als wohlhabender Mann. In seinem Beruf hatte er alles erreicht. Er war Bankdirektor gewesen. Aber ganz offensichtlich war beruflicher Erfolg nicht das gewesen, wonach er sich gesehnt hatte. Es war nicht das, was sein Herz verlangte.

Hatte ich das schon erwähnt? Nein? Das war Absicht. Ich erzählte den anderen von meinen Gedanken.

Einstein nickte. »Es ist so wichtig, dass du über das Folgende gut nachdenkst: Beim Traumtanzen geht es nie darum, mit dem Tanz fertig zu werden. Es geht darum, zu tanzen.«

In mir wühlte sofort Protest: »Ach komm! Ich soll gar nicht danach streben, meine Träume zu erfüllen? Was ist das denn für eine … ich will nicht respektlos erscheinen, aber das hört sich für mich schwachsinnig an.«

Ich war ein wenig verstimmt. Ich hatte doch vor, ein traumhaftes Leben zu führen. Sollte ich nun nicht mehr meine Wünsche erfüllen? Sollte nur noch planen, mit Oma und Opa wegzufahren? Ob es dann passierte, war egal?

Einstein zuckte mit seinen Augenbrauen auf und ab. Das tat er immer, wenn er sich falsch verstanden fühlte.

»Selbstverständlich kannst und solltest du deine Träume Wirklichkeit werden lassen. Wichtiger ist es jedoch, den

Tanz zu genießen. Wenn du nur das Ziel anstrebst, dann wird dein Glück stets von kurzer Dauer sein. Du wirst von Traumerfüllung zu Traumerfüllung jagen. Du wirst sie abhaken wie To-dos auf einer Büroliste. Deshalb kaufen die Menschen übrigens gerne irgendwelche Sachen. Sie haben einen Wunsch und bis zur Zielerfüllung ist es nur ein einfacher Schritt: Kaufen! Doch kaum haben sie das neue Zeug gekauft, suchen sie sich etwas neues Neues.«

Isabella beugte sich zu mir nach vorne und flüsterte: »Ich habe mir in meiner Zeit beim Straßenbau auch ständig irgendwas gekauft. Das Aussuchen und Überlegen, was es denn als Nächstes sein soll, hat mir mehr Freude bereitet, als das Zeug dann zu haben.«

Als sie sich zurückfallen ließ, säuselte sie in Richtung Anni: »Tausend Sachen musste ich kaufen, bis ich bemerkte, dass ich die Liebe suche.«

Wenn dir die Isabella und Anni kitschig vorkommen – das waren sie auch. Herrlich kitschig. Die beiden waren voll verknallt ineinander! Aus meiner Sicht waren sie schon irgendwie alte Leute. Ich fand das toll.

Ich glaube, sie haben dann ein bisschen auf dem Rücksitz meines Rostkombis rumgeknutscht. Ich war zu sehr mit Einstein beschäftigt, der gleich weiterreferierte: »Du hast erzählt, wie viel Freude du beim Studieren gehabt hast. Dir hat es also Erfüllung gebracht, zu lernen. Und die Zeit am Strand? War die, wenn du ehrlich bist, nicht enorm gehaltvoll? Auch ohne die erhoffte Vision?«

Tatsächlich. Da war sie wieder, die andere Bedeutung. Die andere Perspektive auf das Geschehene.

Ich ließ meine jüngere Vergangenheit Revue passieren: die Nächte am Strand. Die Wanderungen. Zuzuschauen, wie die Sonne aufging. Wie sich der Strand mit Spaziergängern füllte. Die Gezeiten zu erleben.

So gesehen: Mann! Auch die Unizeit war der Hammer. Ich habe so viel gelernt, belegte jedes mögliche Seminar. Fünf Tage die Woche von früh bis spät. Ein einziges Abenteuer.

Da fiel es mir wie Schuppen von den Augen – wieder einmal. Auch meine verwirrende Zeit im Altenheim: Was für ein Geschenk! Ohne diese depressiven und traurigen Alten wäre ich jetzt gar nicht hier. Ohne mein Versprechen, welches ich am Anfang so bereut hatte.

Einstein zeigte mit dem Finger auf mein Herz. »So funktioniert es, mein lieber Tausendträumer. Spürst du es? Dein Herz beginnt zu tanzen. Plötzlich bekommt alles seinen Platz in deinem Leben. Plötzlich macht alles Sinn.«

»Der Weg ist das Ziel«, flüsterte ich ergriffen.

Ich hatte das Gefühl, das Universum verneigte sich gerade vor mir. Oder ich mich vor dem Universum. Oder als wäre da gar keine Trennung zwischen dem Universum und mir.

»Multiversum!«, flüsterte Einstein.

Jetzt war klar, der Mann las meine Gedanken. Egal. Dann halt Multiversum.

»Ich würde sogar sagen: Es gibt gar keinen Weg. Nur Gehen«, fügte mein Mentor hinzu. »Thomas Edison wurde einmal gefragt: ›Sie sind also 999-mal dabei gescheitert, eine perfekte Glühbirne zu entwickeln?‹ Woraufhin Edison geantwortet haben soll: ›Aber nein! Ich habe 999 Wege gefunden, wie man eine perfekte Glühbirne *nicht* baut!‹«

»Nach diesem Prinzip kann ich im Grunde gar keine Fehler machen.«

Mein Meister tippte mir aufs Knie. »Der einzig mögliche Fehler ist es, auf das Herzhören zu verzichten. Stur einem einmal festgelegten Plan zu folgen, ohne unterwegs zu überprüfen, ob er überhaupt noch stimmig ist.«

Er blickte in den Rückspiegel. »Schau dir die beiden an!«, flüsterte er und wies mit einem Kopfnicken zur Rückbank. Annis Kopf lag auf Isabellas Schulter.

»Sie sind so glücklich«, seufzte ich.

»Sie konnten so glücklich werden, weil sie beide die für sie festgelegten oder selbst erdachten Blödeln hinterfragt haben. Annis Karriere an der Uni. Isabella ihr sicheres Leben als Beamtin. Oder ihren Höhenflug als Hackerin. Annis Vorstellungen, eine Frau habe gefälligst mit einem Mann glücklich zu werden. Isabellas Glaubenssatz: ›Ich muss es meinen Eltern recht machen.‹ Sie haben ihre Vorstellungen in Zweifel gezogen. Nur mit Zweifeln konnten sie feststellen: Das sind für mich, hier und jetzt, keine hilfreichen Regeln. Es sind Blödeln.«

»Leuchtet ihr deshalb alle so?«

Einstein wackelte mit seinem Schnurrbart: »Leuchten? Wer leuchtet?«

»Na du, Anni, Wonder Woman! Ihr strahlt so von innen heraus.«

Mein Lehrer lauschte einen Augenblick in sich hinein.

»Das Leuchten kommt von der Dankbarkeit. Auf sein Leben zurückzublicken und für die Erfahrungen dankbar zu sein – auch und gerade für die harten, unangenehmen und traurigen Erlebnisse –, das ist der Weg, der zu innerem Frieden führt. Ich vermute, das ist es, was du mit ›dem Leuchten‹ meinst.« Er sinnierte einen Augenblick. »Apropos Weg: Da vorne im Kreisel musst du die dritte Ausfahrt nehmen. Richtung Bamburgh.«

Ich schaute ihn an.

Das war unser letzter Tag.

Morgen würde ich mich in Richtung Deutschland und Heimat auf den Weg machen. Anni und Isabella träumten im Rückspiegel.

Wenn du vom Lake District Richtung Bamburgh fährst, hast du die Abendsonne im Rücken. Genau genommen fuhren wir in Richtung Sonnenaufgang.

Er hatte recht. Das Abschließen oder Vollenden der Träume war natürlich schön. Die Träume zu erkunden, tief hineinzutauchen und zu überlegen, wie ich sie realisiere, war im Grunde genauso schön. Mit den dreien diese Tour zu machen war befriedigender, als später im Rückblick auf die Tour und die Traumerfüllung zu schauen. Einstein das Geschenk zu machen, ihn zu erleben, wie er so viel Himbeereis aß, bis ihm schlecht war. Es zu tun war das größte Glück. Nicht, es getan zu haben. Obwohl das natürlich auch schön war.

Das Genie zu erleben, wie es unvernünftig handelte. Acht Kugeln Himbeereis! Auf dem Heimfahrt beschwerte er sich alle fünf Minuten mit den Händen auf seinem Bauch: »Verdammt, ich habe zu viel Himbeereis gegessen.« Dann machte er eine Pause und sagte: »Es war aber wirklich lecker, nicht wahr?!« Jeder von uns musste dann bestätigen, wie lecker das Eis gewesen war. Vielleicht solltest du wissen: Im Norden Britanniens gibt es mit das cremigste Milcheis auf Erden.

Unsere Fahrt, Einsteins kindliche Freude beim Himbeereislecken, all dies zu erleben war schöner, als am Abend auszusteigen und es hinter mir zu haben.

Einstein blickte mich an. Seine Augen lächelten warm. Wahrlich, er strahlte.

»Willkommen auf der Reise«, flüsterte er.

Von der Rückbank her hörte ich Anni schnarchen.

Kapitel Dreissig

Loslassen

Gegen das Fehlschlagen eines Planes gibt es keinen besseren Trost, als auf der Stelle einen neuen zu machen.

Jean Paul

Hier ist die zweite Geschichte von unserer Tour in den Lake District. Wir hatten geplant, in Ambleside essen zu gehen und anschließend eine Minikreuzfahrt über den größten See der Region zu machen, den Lake Windermere. Doch es sollte anders kommen.

Das vegetarische Restaurant war wegen Umbauarbeiten geschlossen. Als wir vor dem Restaurant ankamen, begann es zu allem Übel auch noch stark zu regnen.

Einstein stand mit hängenden Schultern vor der Restauranttür. »Oh, ich hatte mich so gefreut!«, brummelte er. Anni schaute ebenfalls drein wie Regenwetter. ›Jetzt ist der ganze schöne Plan hinüber‹, dachte ich.

Da klatschte der Alte mit einem Mal in die Hände und rief: »Ha! Das hatte ich auch schon lange auf meiner Liste! Was haltet ihr von einem Besuch bei Peter Hase und Jemima Pratschel-Watschel?«

In diesem Moment kreischte Isabella auf, sodass ich mich erschreckte: »Jaaa! Jaaa! Kennst du die?«, sie griff meine Jackensäume und rüttelte mich durch, »Beatrix Potter?«

Ob ich die Geschichten von Beatrix Potter kannte? Sie waren ein fester Kanon meines Kinderlebens gewesen. Diese kleinen Geschichten, in denen Tiere die Hauptrollen spielten. Vor allem die schönen Bilder hatten sich in mein Kinderherz gebrannt. »Wieso? Was ist mit Beatrix Potter?«

»In Windermere hat vor drei Jahren eine Art Erlebniswelt eröffnet, da sind ganz viele Szenen aus den Büchern nachgebaut mit all den Figuren.«

Wir rannten durch den Regen zurück zum Auto. Jetzt, wo ich es schreibe, fällt mir auf: Ja, auch mein alter Mentor rannte. Wir fühlten uns wie kleine Kinder. Wir hatten das Mittagessen und die Sea-Cruise vergessen. Die Welt von Beatrix Potter war unser neues Ziel.

Als wir vier Stunden später aus dem Event-Museum kamen, babbelten wir alle durcheinander wie die Kinder. Wir waren Kinder. »Wenn das Restaurant nicht geschlossen gewesen wäre und es nicht so geregnet hätte, dann wären wir da nicht reingegangen«, staunte ich.

Mein Mentor nickte. »Wir lieben unsere Pläne. Wenn wir uns einmal in ein Ziel verbissen haben, dann lassen wir es ungern los, auch wenn es schon lange tot ist. Wir werfen gerne schlechtes Geld dem guten hinterher. Wir denken gar oft, Dinge zu Ende zu bringen ist das Wichtigste.«

»Ich kenne viele Leute, die haben den ganzen Tag schlechte Laune, wenn ihnen so etwas wie mit dem Restaurant oder dem Wetter passiert.«

»Was für eine Verschwendung«, lachte Isabella. »Morgen bist du vielleicht tot. Das habe ich auf damals auf den Baustellen gelernt: Wenn ein Plan fehlschlägt, dann muss ein neuer Plan her.«

Anni hatte gleich wieder was aus der Psychoforschung beizusteuern: »Zu diesem Verhalten gibt es wunderbare psychologische Forschungen. Sie belegen, dass Menschen es vorziehen, einer Lüge zu glauben, anstatt sich der Tatsache zu stellen, dass sie auf einem falschen Pfad sind.

Je mehr wir in eine Idee, ein Projekt, aber auch in ein gekauftes Produkt investieren, desto vehementer rechtfertigen wir vor uns selbst, dass es sich um eine gute Idee, ein tolles Projekt oder Produkt handelt.

Die Mehrzahl der Menschen ist sogar bereit, Informationen, die etwas anderes beweisen, nicht nur zu ignorieren, sondern aktiv zu unterdrücken.«

»Aber warum sind wir so?«, wollte ich wissen.

»Eben weil wir meinen, wir hätten einen Fehler gemacht. Da wir keine Fehlerkultur haben – Fehler also nicht als etwas Notwendiges und Zwangsläufiges ansehen, um zu lernen und weiterzukommen –, wird die Angst vor der vermeintlichen Schande des Scheiterns zum Bremser unserer menschlichen Evolution«, führte Anni weiter aus. »Bisweilen räumen wir sogar den Botschafter aus dem Weg, der uns darauf hinweist: ›Da hast du einen Fehler gemacht.‹ Doch inneres Wachstum ist ohne diese Botschafter oder eine gehörige Portion Selbstkritik nicht möglich.«

Einstein erklärte weiter: »Erwachte Tausendträumer und erfolgreiche Unternehmer haben da witzigerweise eine Ähnlichkeit. Sie halten nicht an Träumen oder Projekten fest, wenn sie nicht oder nicht mehr funktionieren. Sie sind wahre Meister im Loslassen. Sie haben auch keine Probleme damit, Fehler einzugestehen.«

»Woran liegt das? Was unterscheidet Traumtänzer und solche Unternehmer von Menschen, die in ihren Blödeln verharren?« Das interessierte mich wirklich, denn diese Neigung, in meinen Blödeln und Launen hängen zu bleiben, hatte ich eben auch.

Anni fuhr fort: »Die Antwort ist so einfach wie lehrreich: Zum einen definieren sich viele Erfolgsmenschen nicht durch ihre Träume und Unternehmen, sondern durch ihre Absichten und ihren Flow. Zum anderen erlebt absolut jeder Unternehmer, Künstler oder Tausendträumer: Ohne Fehler geht es nicht. Fehler sind ein Teil des Weges. Eine

Person dagegen, die an einer Idee festhält, obwohl sich diese als nicht sinnvoll, erfolgreich oder glücklich machend erweist …«

»Oder weil ein Restaurant zu ist und es wie aus Kübeln gießt«, unterbrach Isabella kichernd.

»Sie macht ihr Selbstwertgefühl vollständig davon abhängig, ob sie jedes Ziel erreichen kann. Zur Not stirbt sie sogar beim Versuch.«

»Wie kann ich das verstehen? So als würden sie sagen: ›Der Traum und ich, wir sind eins? Wenn der Traum scheitert, dann scheitere ich? Und ein Scheitern ist ausgeschlossen, da verliere ich mein Gesicht?‹«

Einstein tippte Anni auf die Schulter: »Er sollte in die Forschung gehen, nicht wahr?!«

»Das hat mir an der Uni ein Psychologieprofessor auch gesagt. Er meinte aber, da käme ich gar nicht an.«

Anni grinste. »Hat er das begründet?«

»Er sagte, ich würde nicht einmal das Grundstudium vollenden, da Leute wie ich das langsame Tempo des akademischen Weges nicht aushalten würden.«

»Kluger Mann. Schade für die Forschung. Verstehst du aber, was er gesagt hat? Er hat nicht gesagt, dass du ein Loser bist, weil du das Studium abbrechen wirst.«

Isabella antworte an meiner statt. »Letztlich hat er gesagt, dass du andere Begabungen hast, die bei einer akademischen Laufbahn nicht zur Entfaltung kommen.«

Einstein lachte. »Ja, die Wissenschaft ist lahm! Wenn du diese Geschichte einmal erzählst, dann sammle ein paar Namen von Uni-Abbrechern, die berühmt geworden sind. Das motiviert deine Leserinnen und Leser vielleicht, ihre Blödeln loszulassen, wenn sie das Gefühl haben, einem anderen Weg und so ihrem Herzen folgen zu müssen.«

»Nicht falsch verstehen!«, warf Anni ein. »Es ist natürlich gut, wenn Menschen ihre Ausbildung durchziehen. Zu erleben, wie man auch gegen eigene innere Widerstände etwas schafft, stärkt das Gefühl der Selbstwirksamkeit. Außerdem ist nichts gegen einen guten Brot-und-Butter-Job einzuwenden, der einem das Traumtanzen finanziert.«

»Außer ...?«, fragte mein Meister und blickte mich an.

Das war wieder eine Prüfungsfrage. »… außer das Herzhören lässt es nicht zu und verlangt, dass man ›all-in‹ geht.«

»Ist ja klar. Wer an dem leidet, was er tut, der muss eine Änderung herbeiführen. Sonst wird das mit dem Glück nichts.«

»Mein Ex und ich«, übernahm wieder Anni den Vortrag, »wir spürten schon einige Jahre, dass wir nicht mehr glücklich sind mit unseren Leben. Wir kämpften und rangen und das war auch gut so. Man sollte nicht sofort aufgeben, nur weil es eine Zeit der Dürre gibt. Aber irgendwann haben wir voreinander gesessen, uns angeschaut und uns gefragt: Warum quälen wir uns so? Und dann wurde uns beiden klar: Wir tun es, weil eine Blödel sagte: ›Einmal verheiratet, und du musst bis an dein Lebensende zusammenbleiben.‹ Auch wenn du ein unglückliches Leben führst.«

»Das Ideal der Ehe ist nicht grundsätzlich schlecht. Denk das nicht!«, betonte mein Mentor.

»Ganz bestimmt nicht«, nickte Anni. »Aber Menschen verändern sich. Und wenn sich zwei verändern und beide gehen in völlig unterschiedliche Richtungen – dann kann es klüger sein, in Frieden loszulassen. So eine Entscheidung ist sinnvoller, als ein Leben in Unglück oder sogar Streit zu leben.«

Einstein tippte mir auf den Unterarm: »Jetzt links abbiegen! Längst nicht alle Träume wirst du überhaupt erfüllen wollen. Bei vielen merkst du auf dem Weg: Jetzt habe ich genug. Der Traum interessiert mich gar nicht mehr. Oder es kommt etwas ganz anderes dabei heraus, als du dir vorgestellt hattest. Auf dem Weg zur Traumerfüllung erkennen wir, wie wir uns ändern. Ein Traum, zum Beispiel von Reichtum, ist nun vielleicht nicht mehr so wichtig. Die Zeit mit Freunden, der Familie oder in der Natur wird uns wichtiger.«

»So wie Anni an der Uni nicht mehr glücklich war«, ergänzte Isabella, die immer noch wie Peter Hase strahlte.

»Genau!«, seufzte Anni. »Wenn es dich nicht mehr erfüllt, dann musst du auch nicht weitermachen. Nur am Anfang, wenn ein Mensch sehr jung ist, dann ist es sinnvoll, wenn er ein paar Dinge durchzieht. Damit er die Erfahrung macht: ›Ich kann es, wenn ich mich nur ordentlich engagiere.‹«

Als wir wieder im Traumzeit-Haus ankamen, war die Sonne untergegangen. Bamburgh liegt hoch im Norden Englands, und nun war der Sommer da. Es würde noch lange hell sein und am nächsten Morgen früh wieder hell werden.

Ich hatte das Bedürfnis, noch einmal eine Nacht an den Strand von Bamburgh Castle zu fahren und dort zu übernachten. Morgen würde ich in Richtung Deutschland aufbrechen.

Ich wünschte den dreien eine gute Nacht und umarmte sie ausgiebig. Anni erwiderte meine Umarmung und wir tanzten zwei, drei Schritte lachend.

Isabella hob mich beim Umarmen hoch und wuschelte mir dann durch die Haare.

Einstein tätschelte mir den Rücken. »Danke für die Hilfe mit meinem Himbeereistraum.«

Ich schaute ihm in die Augen. »Reine Freude!«

»Gut«, sagte er. »Das ist der Weg. Grüß mir die Wellen. Wir sehen uns morgen.«

Kapitel Einunddreissig

Alles nur ein Traum?

Abrakadabra

Aramäisch: Ich werde erschaffen, während ich spreche.

»Wie geht es ihnen, Herr Lindner?«

Ich blinzelte in helles Deckenlicht. Verwirrt blickte ich mich um. Neben mir stand Anni. Sie trug einen weißen Kittel mit einem Schildchen, auf dem ›Anni‹ stand. Sie lächelte mich in ihrer herzenswarmen Art freundlich an. Dann griff sie mein Handgelenk und schaute auf ihre Uhr. Sie nahm meinen Puls.

Ich war in einem Krankenhauszimmer.

Wieso war ich in einem Krankenhauszimmer?

Warum war Anni gekleidet wie eine Krankenschwester? »Anni! Wo sind wir hier? Wieso liege ich im Bett?«

»Sie sind mit einer Unterkühlung und ohne Bewusstsein am Strand unterhalb von Bamburgh Castle gefunden worden. Spaziergänger haben Sie aus dem Wasser gezogen. Sie waren stark unterzuckert und ohnmächtig.«

»Bitte was? Ich war doch bei Einstein im Haus am Meer, Anni. Wir haben gestern einen Ausflug gemacht …« Ich richtete mich im Bett auf und guckte mich im Raum um: »Ist das ein Scherz? Nehmt ihr mich auf den Arm?«

»Sie sind noch etwas verwirrt. Aber keine Sorge, das wird sich bald geben. Die Welt hat Sie zurück. Nachher wird die Ärztin kommen und alles Weitere mit Ihnen besprechen. Ruhen Sie sich einfach aus.«

Sie kontrollierte einen Beutel, der neben meinem Bett hing und von dem ein Schlauch zu meinem Arm lief. Alles hier sah nach Krankenhaus aus. Alles roch und klang nach

Krankenhaus. Ich war unterkühlt und unterzuc… ohne Bewusstsein? Das war ein Traum! Ich träumte, in einem Krankenhaus zu liegen. Was für ein blöder Traum. Schon fielen mir die Augen zu und ich schlief wieder ein.

Als ich erneut erwachte, stand Isabella an meinem Bett. Im ersten Augenblick wollte ich mich freuen. Doch dann stellte sie sich nicht als Wonder Woman vor. Sie sagte, sie sei Assistenzärztin aus Deutschland und absolviere hier in England ihr ›Praktisches Jahr‹. Dann erzählte sie mir dieselbe Geschichte wie Anni zuvor.

Scheinbar war ich tatsächlich im Morgengrauen von Strandgängern aus der an diesem Tag ungewöhnlich stark und schnell steigenden Flut gezogen worden. Auf ihre Versuche, mich zu wecken, hatte ich nicht reagiert. Da hatten sie den Rettungsdienst gerufen. Jetzt lag ich im Krankenhaus.

»Was haben Sie da am Strand gemacht, Herr Lindner?«, fragte mich die Ärztin. »Wollten Sie sich etwas antun?«

Ich schaute sie aus großen Augen an. Ich war nicht bei Einstein im Haus gewesen? Aber es war so real. Ich konnte mich an jedes kleinste Detail erinnern. Alles, was ich über das Umsetzen von Träumen und Wünschen und den Bauplan für ein außergewöhnliches Leben gelernt hatte. So detaillierte und lange Träume konnte kein Mensch haben.

»Herr Lindner, wollten Sie sich das Leben nehmen?«, hörte ich die Ärztin sanft nachhaken.

Ich schüttelte den Kopf. »Nein! Natürlich nicht. Ich war auf Visionssuche. Ich habe gefastet. Ich habe da fast zwei Wochen am Strand meditiert.«

»Eine Visionssuche? Aha! Haben Sie Substanzen eingenommen?«

»Was für Substanzen?« Ich verstand ihre Frage nicht.

»Ich habe gefastet. Nur Wasser. Im Meer gebadet. Draußen geschlafen.«

»Sie haben *nicht* im Meer geschlafen. Sie hatten Ihr Bewusstsein verloren! Sie wären womöglich ertrunken bei Ihrer ›Visionssuche‹, Herr Lindner!«

Sie sagte ›Visionssuche‹ so, als hätte ich nicht alle Tassen im Schrank. Hatte ich noch alle Tassen im Schrank? War denn das alles nur ein Traum?

»Wer ist Albertí?«, fragte mich die Ärztin. »Sie haben im Delirium immer wieder den Namen ›Albertí‹ gemurmelt.«

Eine mächtige Welle der Trauer überrollte mich mit brutaler Wucht. Tränen schossen mir in die Augen. »Dann gibt es Albert Einstein gar nicht? Dann war ich gar nicht sein Schüler?«

»Albert Einstein?«, fragte die Ärztin. Ich hatte wohl laut gedacht. Sie schaute in ihre Unterlagen. »Herr Lindner, welches Jahr haben wir?«

»1993«, sagte ich etwas brummelig. Ich war doch nicht gaga. »Mitte Juni 1993«, ergänzte ich. »Ich bin in Nordengland. Ich werde am 4. August vierundzwanzig Jahre alt. Ich wusste nicht, welches Leben ich leben sollte. Ich dachte mir, ich meditiere so lange, bis ich eine …« – ich machte ein kurze Pause, denn ›Vision‹ sollte ich besser nicht noch einmal sagen. So eine Visionssuche war im Universum dieser Ärztin scheinbar gleichbedeutend mit ›geistiger Unzurechnungsfähigkeit‹. »… bis ich eine *kreative Eingebung* haben würde, was ich machen soll.«

»Oh! Alles klar.« Meine Antwort gefiel der Ärztin Isabella. Sie lächelte mich an. »Das ist dann wohl gründlich schiefgelaufen. Aber Ihre Werte sind wieder okay. Wir päppeln Sie hier noch ein oder zwei Tage auf. Morgen machen wir zur Sicherheit noch ein paar Untersuchungen. Dann können Sie das Krankenhaus verlassen. Versprechen Sie mir nur eins …« Sie schaute mich an, als *hätte* ich nicht alle Tassen im Schrank.

»… legen Sie sich für Ihre Visionssuchen bitte nicht wieder ins Meer, ja? Sonst müssen wir Sie in eine psychiatrische Klinik einweisen.«

Ups! Klare Ansage. Ich nickte wild mit dem Kopf. »Auf keinen Fall. Ich nehme mir ein Hotel. Ich habe Hunger.« Da fielen mir die Lektionen von Einstein wieder ein und ich erklärte der Ärztin: »Ich habe große Pläne für mein Leben.« Jetzt strahlte ich sie an: »Ich weiß jetzt, was ich will.«

»Das ist ja schön für Sie«, sagte sie etwas müde, tätschelte mir die Hand und verließ das Zimmer.

»Ich weiß jetzt, was ich will«, sagte ich zu mir selbst. Mir war klar geworden, dass ich eine Vision gehabt hatte. Eine gewaltige, eine riesige, eine unfassbare Vision. In der Länge einer Fernsehserie. Die geistige Welt oder die ausgeflippte Biochemie meines Gehirns hatten zu mir gesprochen.

Dann weinte ich.

Vor Glück. Und weil ich traurig war. Ich hatte gedacht, ich hätte einen Mentor gefunden. Es war so unglaublich real gewesen. Ich war doch bei Albert Einstein zu Gast gewesen. Hatte Annis köstliche Speisen genossen. Den wunderbaren Tee getrunken und mich von Isabella und all den anderen Freunden Einsteins inspirieren lassen.

Das alles war nur in meinem Kopf geschehen.

Aber trotzdem. Es fühlte sich echt an.

Weinend vor Glück und Traurigkeit schlief ich erschöpft wieder ein.

KAPITEL ZWEIUNDDREISSIG

Ein letzter Rat

Es gibt nur zwei Arten zu leben. Entweder so, als wäre nichts ein Wunder, oder so, als wäre alles ein Wunder.

Albert Einstein

Als ich wieder erwachte, war es draußen dunkel. Das Licht im Zimmer war gedimmt. Ich befand mich immer noch im Krankenhaus.

Schade. Dann war es wirklich nur ein Traum gewesen.

Trauer überflutete mich erneut. Gleichzeitig konnte ich *Herzhören*. Ich spürte Dankbarkeit. In diesem Augenblick klopfte es an der Tür. »Ja bitte?!«, rief ich.

Die Tür schwang auf und augenblicklich bekam ich feuchte Augen. Einstein betrat das Zimmer. Er war real! Ich hatte nicht geträumt. Er lebte!

Einstein schloss die Tür hinter sich und kam an mein Bett. »Hey, hey, junger Traumtänzer. Was ist denn los, was ist denn los?«

Ich weinte wie ein kleines Kind. »Ich dachte, du bist nicht real. Ich dachte, all das hätte nur in meinem Kopf stattgefunden.«

Einstein nickte verständnisvoll und zupfte ein Taschentuch aus einem Spender auf meinem Beistelltisch und reichte es mir. Nachdem ich mich geschneuzt und die Augen ausgewischt hatte, beugte er sich zu mir über das Bett und flüsterte mir ins Ohr: »Natürlich findet das alles in deinem Kopf statt. Doch wie kommst du auf die eigenartige Idee, es sei deswegen nicht real?«

Ich schaute ihn groß an. Ich erinnerte mich an etwas, was er mir zwischendurch einmal erzählt hatte: Physiker gingen heute davon aus, dass im Multiversum alles, was gedacht wird, sich in unzähligen verschachtelten Ebenen oder Wirklichkeiten auch tatsächlich ereignet. Unter dem Einfluss von Meditationen, psychoaktiven Substanzen oder extremen Stresssituationen können wir Menschen uns manchmal Einblicke in manche dieser Ebenen eröffnen.

»Ich bin noch einmal hergekommen, um dir eine Hausaufgabe mit auf deinen Weg zu geben – einen letzten Rat. Vorerst jedenfalls.«

Ich richtete mich im Bett auf. Was für eine Aufgabe?

»Iss eine Pizza mit dem Papst.«

Ich dachte erst, ich hätte mich verhört. ›Eine Pizza mit dem Papst?‹ Was war das denn für eine schräge Ansage? Ich wartete mit großen Augen, ob da noch etwas kam. Einstein schaute mich aber nur an.

»Ich verstehe dich nicht. Was für ein Papst?«

Einstein richtete sich wieder auf. Dann wiederholte er: »Iss eine Pizza mit dem Papst.«

Ich hatte keine Ahnung, was er meinte. Irgendwie dachte ich immer noch, ich hätte irgendetwas nicht verstanden. Kein Mensch kann einfach mal so eine Pizza mit dem Papst essen gehen.

»Und der letzte Rat?« Jetzt erst fiel es mir auf: »Wieso der *letzte* Rat?«, wollte ich wissen. »Werden wir uns nicht wiedersehen? Was hast du denn vor?« Und dann löste sich Einstein vor meinen Augen auf. Er verschwand ganz langsam und unweigerlich. Und in sein Entschwinden hinein rief – ja schrie – ich: »Was ist dein letzter Rat?«

In diesem Augenblick hörte ich Einsteins Stimme. Sie kam nicht aus dem Raum. Sie war in meinem Kopf. Oder in meinem Herzen? Oder doch im Raum? Keine Ahnung, aber ich hörte sie ganz deutlich. Ehrlich, ich hatte so etwas wie ›Folge der Stimme deines Herzens‹ erwartet. Stattdessen sagte die Stimme: »Es ist unmöglich, zu viel Himbeereis zu essen.« Und so verschwand Einstein.

Doch dieses Mal konnte ich nicht mehr weinen. Was blieb, war das Gefühl der Dankbarkeit. Und ein unbändiger Drang, das Krankenhaus zu verlassen. Ich wollte nach Hause fahren, um damit zu beginnen, ein traumhaftes Leben Wirklichkeit werden zu lassen. Dabei war ich schon längst dabei, dieses Leben zu leben. Ich spürte Feuer in meinem Herzen. Den Hinweis mit dem Himbeereis hatte ich verstanden. Meine Zeit im Altenheim, meine Zeit an der Uni, meine Zweifel, meine Kunst, meine Visionssuche in Nordengland, diese unglaubliche Traumreise mit ihren Erkenntnissen – das war keine Ausbildung. Ich setzte es längst um, das Leben, das ich leben wollte.

Tatsächlich traf ich nach einem Vierteljahrhundert den Papst. Und ich aß nicht nur eine Pizza mit ihm. Ebenso begegnete ich Albert E. wieder. Doch das ist andere Geschichte. In einem anderen Buch.

Ich würde gerne behaupten, diese Erzählung ende hier. Tatsächlich begann sie damals erst. Tatsächlich ist diese Geschichte, sind mein und auch dein Weg, liebe Leserin, lieber Leser, in eine viel größere Saga eingebunden. Eine Saga, in der du gerade diese Zeilen liest und dich vielleicht fragst, was in diesem Buch auf Wirklichkeit beruht und was nur eine Geschichte ist. In der du dich womöglich fragst, ob du das auch mal probieren solltest, das mit dem Traumtanzen.

Was soll ich sagen? Ich habe dieses Buch geschrieben, um dich zu inspirieren. Ich habe es geschrieben, damit du es wagst. Du kannst ja nur gewinnen.

So, jetzt ist aber genug.

Meine neunzig Minuten sind um.

Die Freude ruft!

Dankbarkeit

Dank an dich, meine Leserin oder mein Leser. Wie schön, dass du mit auf die Reise gekommen bist. Noch toller fände ich es, wenn du die eine oder andere Idee in diesem Buch gefunden hast, die dir dabei hilft, deine Träume Wirklichkeit werden zu lassen. Schreibe mir gerne über deinen Erfolg: david@traumzeit.online

Dank meinen Musen für ihre Küsse. Dank an Albert E., Anni, Isabella, Barbara, Vishnu, Lloyd und Paul für ihre tollen Ideen.

Danke an Doris, Sascia, Dieter, Ansgar und Petra. Ihr habt zum Klang dieser Reise beigetragen.

Danke mein Herz, weil du trotz all dem Wahnsinn da draußen nicht aufhörst, an die Schönheit, die Kreativität, das Miteinander und die Liebe zu glauben.

Dank an all die Menschen, die verrückt genug sind, zu glauben, sie könnten etwas Besonderes aus ihrem Leben machen. Und es dann auch tun.

Dank auch den wundervollen helfenden Menschen in den Altenheimen, Hospizen und Krankenhäusern dieser Welt. Ihr macht einen unglaublichen Job.

Ein Meer von Liebe für Doris Elbentochter, Licht meines Lebens. Danke für die ersten vierundzwanzig Jahre. Es macht so eine Freude, an deiner Seite durch das Leben zu tanzen.

Danke an Socke, beim Schreiben immer an meiner Seite. Danke an Willow, Ruhepol und Schmusebär, der mich stets pünktlich für unsere neunzig Minuten vom Schreiben abholt.

DAVID LINDNER

Videos und mehr zu diesem Buch

Im Verlaufe dieser Erzählung berichte ich von einigen fantastischen Dingen, die tatsächlich existieren. Als Traumtänzer habe ich es mir nicht nehmen lassen, auch ein paar Videos für dich zu drehen. Vielleicht hast du Lust, dir eines oder einige davon anzuschauen.

- Making of: Wie dieses Buch entstand
- Wundervolles Nordengland
- Bamburgh Castle und Umgebung
- Annis geniales Northumberland-Frühstück
- Gut essen in Großbritannien
- Wohnen im Schloss: Das Swindon Park Hotel
- Aus dem Leben eines Traumtänzers
- Mein (echtes) Buch der 1000 Träume

Du findest alle Videos auf meiner Webseite:
www.traumzeit.online/bonus/nachmittagstee

Du kannst auch einfach mit der Kamera deines Smartphones oder Tablets den QR-Code einscannen.

Besonders gut tun diese Filme dir, wenn du dir ein wenig Zeit zum Träumen nimmst. Vielleicht mit einer guten Tasse Tee oder Kaffee? Oder einem Himbeereis?

Mein Buch der 1000 Träume

Liste deine eigenen Träume alle auf. Tauche tief in sie hinein und staune, was sie dir offenbaren. Organisiere sie in Traumleitern und im Traumkalender. Setze sie Schritt für Schritt um. Lasse sie Wirklichkeit werden.

Ich habe das in der Erzählung benutzte ›Mein Buch der 1000 Träume‹ tatsächlich entworfen. Es soll all jene Tausendträumer unterstützen, die sich von der Geschichte inspiriert fühlen. Die ihre Träume nun ebenfalls systematisch umsetzen wollen. Die auch Traumtänzer werden wollen.

Ausschließlich direkt beim Verlag erhältlich.

www.traumzeit-verlag.de